# 강병수의원
## 사용설명서

# 강병수의원 사용설명서

초판 1쇄  **2014년 1월 10일**

**지은이**   강병수
**발행인**   이재정
**구성조사**  양순필
**교정교열**  김전진
**편집**    굿플러스 커뮤니케이션(주)

**펴낸곳**   도서출판 바른기록
**출판등록**  2013년 7월 15일
**주소**    서울시 영등포구 은행로 58 삼도빌딩 307호
**대표전화**  070 - 8770 - 5100

ISBN  979 - 11 - 950895 - 1 - 2  03300

# 강병수의원
# 사용설명서

지은이 / 강병수

바른기록

## 2. 의정활동, 지역활동 보고서

# 3. 강병수를 좋아하는 8가지 이유

# 4. 강병수와 함께 만들어갈 인천의 미래

# **인천**과의 **첫 만남**,
## 그리고 **47년** 후 지금


제가 인천에 처음 온 것은 1967년 여름입니다. 인천으로 이농하시는 부모님을 따라 이곳으로 오게 된 것입니다. 당시 초등학교 1학년이었던 저는 다니던 전남 여천군 율촌면에 있는 율촌국민학교에서 1학기를 마치고 인천효열국민학교로 전학을 위해 기차를 타고 영등포역을 거쳐 제물포역에 내린 것이 인천과의 첫 만남이었습니다.

인천과의 첫 만남은 순조롭지 않았습니다. 부모님은 율촌역에서 큰 이삿짐은 수화물로 보내고 나머지 작은 짐들을 보따리 보따리 싸서 기차에 싣고 막내인 저를 데리고 완행열차를 타고 한참을 달려와 영등포역에 내렸습니다. 다음은 인천행 기차를 갈아타야 해서 제가 먼저 기차를 타서 어머님 아버님이 기차에 계속 싣는 이삿짐을 지키고 있었습니다. 그런데 기차가 서서히 움직이더니 어머니 아버지가 타시지도 않았고 짐도 다 싣지 않았는데 출발해 버린 것입니다. 처음타보는 인천행 기차에 이삿짐과 함께 초등학교 1학년 남자애가 홀로 남는 황당한 일이 발생한 것이지요. 저의 희미한 기억으로는 그래도 전 울지 않았습니다. 주위의 어른들이 이것저것 물어보시면서 도와주셨고 대답을 똑똑하게 잘한다고 칭찬하면서 달래

주셨습니다. 마침 어른들 중 한분이 제가 전학할 효열국민학교 1학년에 다니던 서병진이라는 여학생 이모라고 하시면서 도와주셔서 제물포역에 무사히 짐과 함께 내렸고, 역무실에서 한참을 기다리다 뒤차를 타고 오시는 부모님을 만나 안도의 울음을 울었던 것으로 기억합니다. 그 때 그 이모님이 부모님이 도착하실 때까지 역무실에 같이 계시면서 안심시켜주시던 따뜻한 기억을 아직 잊을 수 없습니다. 지금 생각하면 인천에서 홀로 당당히 살아가야 한다는 것을 암시한 것은 아닐까 회상하기도 하지만 어리고 키 작은 저에게도 당찬 구석이 있었다는 것을 알게 되었습니다.

고향에서는 꽤 넓은 마당과 커다란 감나무와 살구나무가 있던 기와집에 살았던 기억이 있는데 인천에서는 도화동 137번지 숙골 안쪽 마을 아주 가난한 동네에서 셋방에서 살게 되었습니다. 아버지는 노동일을 하셨고 어머니는 뜨개질 등 부업을 하셨으며 형들은 버스 조수 일을 하였으니 항상 집안 형편은 어려웠습니다. 그런데 전학한 효열국민학교(원래 부모님은 숭의국민학교로 보내려고 했는데 학교에서 제물포역 앞 큰길을 건너는 것이 위험하다고 안받아줘서 할 수 없이 선택하셨다고 합니다)는 사립학교여서 등록금도 비싸고 교복을 입고 다녀야해서 더 어려웠습니다. 친구네 집들은 양옥집에 텔레비전도 있고 잘 사는 듯 보여 주눅이 들기도 했지만 다행히 공부를 크게 뒤지지 않을 정도로 하여 그런지 열등감 같은 것을 가져 본 적은 없었던 것 같습니다.

가난한 동네에서 가난하게 살면서도 기죽지 않고 살 수 있었던 것은 부모님이 항상 예뻐해 주시고 자랑스럽게 생각하셔서 그런 것이 아닌가 생각합니다. 부모님이 제 기를 살려주신 거죠. 또한 제 스스로 찾아간 동부 장로교회에 열심히 나가 성경도 공부하고 친구도 만나며 형들과 누나들을 만난 것이 큰 축복이었습니다. 교회는 가난한 동네에서 따뜻함과 위로를 받을 수 있는 유일한 공간이었고 희망을 가지고 열심히 학창생활을 할 수 있는 힘을 주었습니다.

경기도 인천시 남구 도화동의 달동네, 저희 동네의 가난한 분들을 많이 보고 자랐습니다. 저희 집도 가난했지만 주위 이웃들 모두 어려운 사정이 참 많았다는 기억이 납니다. 노동일을 하시는 아버님은 비만 오면 쉬시는 날이어서 그런 날은 제가 막걸리 심부름을 하게 되고 자연스럽게 어른들이 나누는 이야기를 뒤로 듣게 되는 데 참 답답한 적이 많았습니다. 그 분들은 술 한잔하시면 사회의 잘못된 점 억울한 일, 특히 '빽 없고 돈 없어' 겪는 서러움을 많이 말씀하신 걸로 기억합니다. 어린 저도 뭔가 사회가 잘못되었다고 어렴풋이 느끼게 된 것은 그런 가난한 어른들의 술자리 이야기 때문이었습니다. 나중에 대학에 가서 사회과학을 공부하니 바로 우리 아버지 이야기이고 우리 아버지와 비가 오면 일이 없어 공치는 날 술을 함께 드시던 바로 그 노동자들의 이야기였습니다.

제가 학생운동과 노동운동을 하게 되고 오늘까지 나름 한길로 삶을 살려고 노력했던 것은 제 머리 속의 이성적이고 논리적인 판단도 있었겠지만 그보다 제 어린 시절 겪은 인천에서의 삶의 영향이 아닌가 생각합니다. 가난한 동네, 가난한 이웃, 가난한 교회, 그리고 열심히 일하셨지만 잘살 수 없었던 제 아버지와 동료 분들의 울분이 제가 기억하는 인천의 모습이고 저의 삶이었습니다.

이제 47년의 세월이 지나 그새 제 아버지는 돌아가시고 제가 어른이 되고 아버지가 되었습니다. 그동안 저는 가난한 우리 동네 동부장로교회에서 만난 첫사랑 김인숙과 행복한 가정을 꾸려 두 딸의 아버지가 되었고 우리 아버지 같은 분들을 생각하며 학생운동과 노동운동을 열심히 하기도 했습니다. 인천에 온지 25년 만에 아버지와 힘을 모아 아파트도 한 채 장만하여 집 없는 설움에서 벗어났고, 세상에서 제일 좋은 한겨레라는 직장에서 세상에서 제일 좋은 신문 〈한겨레〉를 만들고 지키는 나름 행복한 삶을 살고 있었습니다.

그러나 이 땅의 민주화를 이루는데 작은 힘을 보탰다는 자부심과 세상에 제일 좋은 신문 한겨레를 만들고 있다는 긍지를 근본에서부터 다시 성찰하게 하는 사건들이 일어나고 있었습니다.

첫 번째 사건은 2006년도 10월 26일부터 인천녹색연합 신정은 간사(56일)와 윤인중 목사님(154일)이 롯데 계양산 골프장 건설을 반대하며 10미터 소나무 위에서 210일간 외로운 싸움을 벌인 일입니다. 이 일을 직접 접하며 저는 누구보다 큰 충격을 받았습니다. 인천녹색연합은 오랫동안 제가 후원하던 단체이고 너무나 좋아하는 단체인데 그 단체의 젊은 여성 간사가 나무에 올라가 시위를 하다니! 윤인중 목사님은 저와 1983년 안양교도소에서 옥중 생활을 같이 하던 동지이자 존경하는 선배인데 저렇게까지 해서라도 계양산을 지키려고 하는구나 하는 탄식이 나오고 마음속 깊이 부끄러움을 느꼈습니다.

제가 서른 두 살이었던 1992년 계양산 개발에 맞서 인천의 시민사회는 계양산살리기범시민추진위원회를 결성하여 개발을 막기 위해 온힘을 다 했고 저도 추진위 간사를 맡아 힘을 보태어 지켜낸 역사가 있습니다. 그 이후 계속 계양산 자락(효성동 방축동 병방동 작전동 오류동)에 살면서 산에 자주 갔었고 특히 97년 크게 몸이 아플 때는 5년간 거의 매일 올라가서 목숨을 살려 달라고 의탁했던 바로 그 계양산에 다시 골프장이 들어선다고 하고 이를 인천시가 허용하려고 하고 있고 시민사회가 격렬하게 반대하고 있었던 것입니다. 이때 '인천으로 돌아가야 하나보다' 라는 생각을 다시 하게 되었습니다.

두 번째 사건은 2009년 5월 23일 노무현 대통령께서 돌아가신 일입니다. 그것도 스스로 부엉이 바위에서 목숨을 내던진 일입니다. 저는 그 전날 군산에 회사 일로 출장을 갔다가 그날 아침 9시경 해장국집에서 아침을 먹고 있었는데 TV에서 흘러나오는 대통령 서거 특보를 보고 맥이 풀려 밥을 제대로 먹을 수 없었습니다. 생전에 몇 번 뵌 적이 있지만 그리 가까운 사이는 아니었고 열혈 추종자도 아니었지만 우리나라 국민 모두가 느꼈을 충격 그 자체였습니다. 대한민국의 민주주의가 무너진 것입니다. 노무현 대통령이 신임 대통령과 그 정부의 온갖 수모와 압박을 온몸을 내 던져 막아내고 지켜내고자 했던 대한민국의 민주주의! 제가 다시 나서서 그 분의 유지를 이어 지켜야겠다고 다짐했습니다.

계양산을 지켜 인천을 살리고 민주주의를 지켜 대한민국을 살리는 길을 위해 20년간 정든 한겨레를 2010년 2월 사직하고 인천광역시의회 의원 출마를 하여 6월 2일 인천시민의 선택을 받아 시의원이 되었습니다.

47년 전 홀로 두렵게 제물포역에서 인천을 처음 만난 가난한 동네의 아이가 300만 인천광역시를 대표하는 시의원이 되었다니 참으로 큰 영광입니다. 큰 영광은 큰 책임이 따르기에 지난 3년 6개월간 열심히 했습니다. 처음 하는 일이라 서툴기도 하고 많이 모자람을 느끼기도 하였습니다.

오늘 부끄럽게 펴내는 생애 첫 번째 제 책은 짧은 제 53년의 삶을 담았고 지난 3년 6개월의 의정활동을 담았습니다. 그리고 앞으로 인천시민이 다시 선택을 해주신다면 펼치고 싶은 사회적경제 도시 인천, 문화창조도시 인천의 포부를 담았습니다. 특별히 책 제목을 《강병수 의원 사용설명서》라고 한 것은 인천시민으로부터 다시 선택받고 싶은 간절함을 담은 것입니다. 이미 써보신 분들의 사용 후기를 보고 쓸 만하다고 생각하면 다시 한 번 인천 시민의 대표로 써보심이 어떠시냐고 하는 제 솔직한 속마음을 공개적으로 표현하였습니다. 이점 깊이 이해해주시기 바랍니다. 특별히 제 사용 후기를 써 주신 여덟 분에게 진심으로 감사를 표합니다.

시의원이 된지 3년 6개월 동안 처음 다짐했던 두 가지 중 계양산은 지켜 냈지만 이 땅의 민주주의는 아직 지켜 내지 못했습니다. 그리고 다시 돌아온 인천에는 어린 시절 보았던 가난한 동네의 가난하고 어려운 시민이 아직 너무 많은 것을 다시 보았습니다. 저는 대한민국의 민주주의를 지키고 싶고, 지켜내야 할 무한책임이 제게 있습니다. 저는 인천시민이 행복하게 문화적으로 잘살 수 있도록 일하고 싶습니다. 제 책을 보시고 제게 힘과 용기를 주시기 바랍니다.

오늘 부족한 제 책을 내는데 흔쾌히 추천사를 써주신 이재정 전 통일부 장관이시면서 저를 처음으로 공천을 해준 국민참여당 전 대표님, 저의 광성중학교 1학년 국어선생님이시면서 오늘의 한겨레를 있게 만든 한겨레 창간위원이셨던 최원식 인하대 교수님의 과찬과 격려에 몸 둘 바를 모를 정도로 감사합니다. 또한 민주화운동의 선배이면서 국민참여정치를 꿈꾸고 실천하며 가르쳐주신 유시민 전 보건복지장관님, 학생운동의 동료로서 3선 국회의원을 거쳐 인천시민의 삶의 질 향상을 위해 불철주야 뛰어 큰 성과를 이루어 내신 송영길 인천광역시장님 네 분 모두에게 진심으로 감사와 경의를 표합니다.

은빛기획협동조합 노항래 대표와 정치를 시작한 후 계속 같은 길을 걸어온 양순필 후배가 이 책을 쓰고 펴내는 데 큰 도움을 주었습니다. 감사합니다. 무엇보다 저와 30년 간 같이 살면서 큰 힘이 되고 모자란 부분을 채워준 처 김인숙과 잘 자라준 두 딸 새희, 한솔에게 글로 표현할 수 없이 감사합니다.

마지막으로 저를 받아 주고 키워준 인천과 인천시민 여러분들께 큰절을 올립니다.

물이 아래로 흐르듯이 항상 겸손하게 살겠습니다. 감사합니다.

2014년 1월 10일
저자 강병수 드림

# 그와 **같이** 있어도
# 그가 **그립다**

강병수 의원, 하면 떠오르는 게 있다.

2010년 4월, 그는 당시 내가 대표를 맡아 이끌던 국민참여당이라는 작은 당에 자진 입당했다. 인천 부평에서 시의원에 출마하면서 참여당이 내건 '시민후보 공모제'에 응한 것이었다. 당시 참여당은 창당 시일이 워낙 짧아서 출마할 정치지망생이 부족해서, 참여당을 지지하는 당 밖의 출마자들에게 문호를 열고 인재를 모으던 중이었다. 그 낯선 제도에 호응한 것이다.

오랜 시민운동 경력, 인천 지역에서 오랫동안 지역주민들과 부대껴온 그간의 이력 때문에 그는 참여당에서 후보로 내세우자마자 유력주자로 우뚝 섰다. 당시 야권연대에 참여했던 민주당, 민주노동당 등에서도 흔쾌히 그 지역의 야권단일후보로 받아주었다. 이견이 없었다. 그리고 지금 인천 시의원으로 활동하고 있는 것처럼 당선되었고, 지난 4년을 한결같이 일해왔다.

'늦게 한 사랑이 진짜'라는 말처럼, 늦은 입당자였지만 그는 내게 가장 믿음직한 정치지망생 중 한 사람이었다.

정치를 새롭게 바꾸자던 당시 참여당, 그리고 내 뜻을 가장 적극적으로 받아주었고, 자신의 의정활동을 통해 그 걸 가장 열성적으로 실천한 주역이 그다.

이 책이 그런 그의 실천의 과정을 기록한 것이다. 물론 덤으로 진짜배기 강병수를 알 수 있는 그의 진솔한 고백도 찾아볼 수 있다.

나는 그가 무슨 일을 하고 있을까를 안다. 무슨 사안이든 내가 생각하는 것처럼 생각하고, 내가 기대하는 것처럼 행동한다.

그래서 나는 그를 아무런 조건 없이 그냥 믿는다.

그런데, 그는 특유의 친화력으로 타의 추종을 불허한다. 뜻이 맞는 사람들끼리 모여 앉으면 술자리를 이끌고 분위기를 띄운다. 선한 눈매, 스스럼 없는 스킨십이 사람과 사람 사이의 벽을 허물고, 가슴과 가슴을 이어주곤 한다.

그래서, 나는 그가 그립다. 보고 싶고, 옆에 있어도 더더욱 그립다.

그의 길에 영광 있으라!

이 책의 독자들에게 기쁨이 두루 전파 되기를 기원한다.

2014년 1월

이재정 (전 통일부 장관 · (협)은빛기획 이사장)

# **투사** 강병수에서
# **자치** 강병수로!

후배/제자들이 훌륭할 때 '후생가외(後生可畏)'라고 한다. 『논어』 자한 (子罕)편에 나오는 말인데, 그 뒷말은 흔히 생략된다. "사십·오십이 되어도 들리는 말이 없으면, 이 또한 족히 두려워할 만하지 못할 따름이니라." (四十五十而無聞焉 斯亦不足畏也已) 어렸을 때 두각을 나타내더라도 뒤에 뭔가 이루었다는 소문이 들리지 않으면 그런 후배/제자들은 이미 두려워할 바 없다는 뜻이다. 참 무서운 말이다. 총명하게 타고났더라도 꾸준히 갈고 닦아야 비로소 한몫의 인재가 될 수 있다는 것이기 때문이다.

총기와 노력에 한 가지를 더 보탠다면, 일관성을 들 수 있지 않을까? 관 뚜껑이 닫혀야 그 사람에 대한 최종 평가가 내려진다는 말씀마따나, 그 인물에 대한 '최후의 심판'은 그 사회가 요구하는 중심적 가치에 대한 초지일관성 여부에 달려있을 터이다. 특히 한국처럼 유동성이 큰 사회에서는 지조라고 할지 충심(衷心)이라고 할지가 종요롭다. 반일인사들 가운데 말년의 훼절로 친일의 낙인이 찍힌 경우는 무릇 얼마이며, 민주인사들 가운데도 한때의 흔들림으로 어용의 굴레를 뒤집어쓴 경우는 또 얼마인가? 물론 그 상황에 즉하여 융통성을 발휘할 것이지만, 그것이 그/그녀가 그동안 비판한 가치로 투항하는 데로 기울어서는 용납되기 어렵다. 시세 따라 간에 붙었다 쓸개에 붙었다 하는 자들 또한 두려워할 만한 후배/제자들이 되지 못할진대, 총기와 노력과 충심을 두루 갖춰야 후생에 값할 터이다. 강병수 의원은 내게 그런 후생의 하나다.

강병수 의원을 눈여겨보게 된 건 지금부터 26년 전, 한겨레신문 창간을 준비하는 인천후원회가 출범할 즈음이었다. 알다시피 6월항쟁(1987) 직후, 권력과 자본으로부터 자유로운 독립언론에 대한 요구가 들불처럼 번질 때, 그는 고향 인천에서 그 사무국장으로 헌신하여 창간을 도왔고, 창간 이후는 북구지국 지국장으로 자유언론운동의 거름 노릇을 톡톡히 해냈다. 옛 부평구청 근처 지국 개소식에 참석하기 위해 낯선 골목을 찾아갔던 기억이 지금도 새롭다. 그는 물론 단순한 지국장이 아니다. 전두환독재시대, 다른 세상을 꿈꾸며 학생운동과 노동운동에 투신했다가 두 차례나 투옥된 경험을 지닌 청년투사다. 그럼에도 단지 투사만은 아니다. 후원회를 조직하고 지국을 운영하는 일은 투쟁보다는 시민적 숨결이 더 요구되는 법인데, 그는 투사의 열정을 6월항쟁 이후의 새로운 상황에 즉한 운동으로 이행할 줄 알던 드문 젊은이였던 것이다.

그런데 강 의원은 제자다. 나는 70년대 초 모모야마(桃山) 꼭대기의 광성(光星)중학교에서 2년간 국어교사로 봉직했었다. 김흥규(金興圭) 선배의 권유로 석사과정 다니는 중 일종의 알바 삼아 다녔으니, 참으로 엉터리 교사였다. 강 의원이 어느 자리에서 그때 내게 배웠다고 고백하는 순간 나는 아차, 싶었다. 그러나 한편 정말 고마웠다, 이런 엉터리 선생 밑에서 강 의원 같은 훌륭한 제자가 나왔다는 게. 독재정권에 용기 있게 저항했을 뿐 아니라 노동현장에서 다른 세상의 출현을 위해 헌신할 높은 뜻을 세운 청년 강병수는 그야말로 후생가외다.

그리고 한참 소식이 드물었다. 그러다 요즘, 그가 시의원으로 진출한 이후 인연의 끈이 새로워졌다. 인천을 생각하는 이러저런 모임에서 얼굴을 대하는 경우가 늘어난 것이다. 할 일 많은 인천, 그럼에도 제대로 일하는 사람은 많지 않은 인천에 강 의원 같은 일꾼이 출현한 건 고마운 일이 아닐 수 없다. 지방자치가 처음 출범할 때, 나는 어느 신문 인터뷰에서 '국회의원보다 시의원이 중요해지고 시의원보다 구의원이 중요해지는 그런 사회가 될 때, 한국민주주의는 완성에 가까워질 것'이라는 요지의 말을 한 바 있다. 현실은 어떠한가? 지방자치의 연륜이 짧지도 않건만 주민자치의 고매한 이상은 의연한 중앙집권 아래 상기도 요원하다. 자치는 정치의 기초요, 나아가 정치의 궁극이기도 하다. 시의원을 다른 자리로 가는 계단으로 여기는 인사들도 없지 않은 듯한 세태 속에서 지방자치를 수단이 아니라 목적으로 삼는 강 의원 같은 후생은 미쁘다.

탈냉전시대의 도래는 인천에 큰 기회다. 실제 인천은 대구를 추월할 만큼 외형적 성장을 이룩했다. 그러나 안을 살피면 과연 그만한 내실이 있는지 지극히 의문이다. 외적 확대를 내적 충실로 이끌 지도력이 절실한 시점이다. 민중의 자기조직화라고 할까, 생활세계에서 부딪친 문제를 해결하려는 집합적 노력의 과정에서 저절로 이룩되는 자치의 힘이 좋은 의미의 정치력과 만날 때 그 지방사회의 고양이 가능할진대, 이런 일꾼을 발견하여 키우는 일이야말로 21세기 인천의 미래를 결정할 것이다. 탄허(呑虛) 스님 가로대, "큰 인재가 많이 나와야 좋은 나라, 좋은 세상이 된다. 한 나라와도 바꿀 수 없는 인재를 길러내는 데 총력을 쏟아라."

강병수 의원을 자치의 큰 인재로 키우자!

2014년 1월
최원식 (인하대학교 국문학과 교수)

# **부드러운** 힘을
# **가진** 사람

    글 쓰는 일이 직업이면서 남의 책을 추천하려니 어쩐지 무안해진다. 게다가 이것은 정치를 하는 사람의 책이다. 정치를 그만둔 사람이 왜 정치인의 책을 추천하느냐고 꾸지람을 하는 분도 있을 것 같다. 나는 요즘 파주 출판단지 집필실에 틀어 박혀 역사책을 들여다보면서 지낸다. 정치와 정치인은 언론보도를 통해서만 보고 있다. 그래서 주저할 수밖에 없었다. 그런데도 이 추천사를 쓰기로 한 것은 애프터서비스를 해야 하지 않을까 하는, 일종의 의무감 때문이다. 지은이 강병수가 4년 전 선거에 출마했을 때, 나는 같은 정당에서 활동하는 사람으로서 세상에 그를 추천한 적이 있다. 그가 인천시의원으로 활동하는 동안에도 이런 저런 자문을 하면서 응원을 보냈다. 그가 정치인으로서 한 모든 일에는, 아주 조금이지만 내 몫의 책임도 있다고 생각한다. 그래서 그 스스로 만든 '강병수 사용설명서'에 살짝 추임새를 넣는 기분으로 글을 쓴다.

    사실 나는 그가 죽을 고비를 넘긴 적이 있다는 걸 몰랐다. 이 책을 보고서야 알게 되었다. 잠깐이지만 보건복지부에 일한 적이 있기에, 나는 '암'이라는 것이 얼마나 다루기 어려운 병인지 잘 안다. 미국과 일본을 비롯한 선진국 보건당국자들이 '암 정복'을 선언하고 수십 년이 지났지만 인류는 아직 암의 정체조차 정확하게 파악하지 못하고 있다. 암세포는 변신과 매복, 침투, 기습에 능한 생존의 귀재이다. 끈질긴 대결과 줄다리기 끝에 그 병을 달래고 다스리는 데 성공한 이야기를 보는 동안 손에서 땀이 났다. 그는 결국 자신의 마음을 관리하는 방법을 터득한 것이다. 나는 그가 건강관리를 잘하는 동년배라고 생각했다. 남에게 '암 병동'의 그림자도 보여주지 않았다. 오히려 해맑은 얼굴로 사람들의 마음을 밝혀 준다. 참으로 낙천적이고 긍정적인 사람이라야, 겉보기에는 온순하고 부드러워도 내면의 힘이 아주 강한 사람이라야 그렇게 할 수 있다. 이 책에는 가까이에서 강병수를 지켜보고 '사용해 본' 동료와 친구, 이웃들의 이야기가 들어있다. 친구를 보면 그 사람을 알 수 있다는데, 좋은 친구를 많이 둔 것을 보면 그는 확실히 좋은 사람이다.

오늘의 강병수는 세상과 타인을 관찰하고 불의를 비판하는 일을 하던 예전의 시민운동가 강병수와는 많이 다른 사람이 된 것 같다. 하기야 그게 자연스럽고 좋은 일이 아니겠는가. 자신이 속한 공동체를 더 좋은 곳으로 만들기 위해 애쓰는 과정에서 사람은 안목이 넓어지고 정신적으로 성숙하며 인격적으로 발전할 수 있다. 그렇게 커진 만큼, 또 더 크게 더 많은 사람과 더불어 사는 것이다. 그가 앞으로도 그렇게 세상을 마음에 담고 또 마음으로 세상을 비추면서 보람과 의미로 인생을 채워가기를, 그리고 그와 함께 걷는 벗이 더 많아지기를 기원해 본다.

2014년 1월
유시민 (작가 · 전 보건복지부 장관)

# 따뜻한 **마음**으로 **역사**와 **정의**를 **대변**하는 강병수 의원

  인천광역시장이 되어 시의원들로부터 시정질의를 받고 답변하는 위치에 서니 처음에는 잘 적응이 되지 않았다. 10년 동안 국회의원으로 총리, 장관을 상대로 질문하고 지적하는 일을 해왔기 때문이다. 입장을 바꾸어 놓고 서보니 국회의원 때 나의 행동과 발언에 여러 미숙한 점이 부끄럽게 다가오고 성찰되는 점이 많았다. 답변자의 입장에 서보면 질의자의 모습이 객관적으로 보여 진다. 민선6기 인천광역시의원들의 질의수준과 의정활동의 모습은 국회의원들의 질의수준에 못지않다. 대단히 수준 높은 의정활동을 보여주었다고 생각한다. 그중에서도 단연 돋보이는 분이 강병수의원이었다. 강병수의원은 지적만이 아니라 항상 대안을 함께 제시하면서 건설적인 의정활동을 수행하여 왔다.

  강병수의원을 처음 알게 된 것은 한겨레신문이 창간될 80년말경이다. 나는 당시 갈산동에서 박종렬 목사님과 함께 〈한국기독교민중교육연구소〉를 출범하고 운수노동상담실을 만들어 운영하고 있었다. 한겨레신문을 창간하고 한겨레신문 지국장으로서 항상 고통 받는 현장의 목소리를 대변하기 위하여 여기저기 뛰어다니던 잘생긴 청년의 모습을 기억하고 있다. 간

혈적으로 한겨레신문에서 열심히 활동을 한다는 이야기를 듣다가 인천시장과 시의원으로 다시 만나게 되었다.

우리는 수많은 인간관계를 맺고 살지만 한 사람의 단편적인 부분만을 접하게 되지 전체적인 삶의 깊이를 이해하는 데는 많은 시간이 걸린다. 형제자매, 부부관계에조차도 그렇다. 그 사람이 책을 펴낼 때에야 '아! 이런 경험과 일이 있었구나, 이 사람이 그때 이런 발언을, 이런 생각을, 이런 입장을 취했구나.' 하는 사실을 알게 된다.

나는 이 책을 통하여 강병수의원을 인간적으로 보다 깊게 이해하게 되고 더 많은 애정이 생기는 것을 느끼게 된다. 위암으로 죽음과 맞선 고통을 경험한 것은 몰랐다. 죽음의 두려움 앞에서 암에 맞서 이겨낸 투병기는 매우 감동적이다. 서울시립대학시절 척박한 환경에서 군사독재와 맞서 민주화운동 결단을 하는 것은 쉬운 일이 아니었다. 요즘 〈변호인〉이라는 영화가 인기를 끌고 있는데 영화 속 송변호사와 같은 애정과 자세로 학생운동과 노동운동에 임하였으리라 생각한다.

강병수의원의 의정활동을 보면 문화에 대한 깊은 이해와 관심, 그리고 서민들에 대한 따뜻한 애정이 항상 배어있음을 느끼면서 그의 인품을 존경하게 만든다. 강병수의원이 감옥에서 딸에게 쓴 육필편지는 눈시울을 자극하게 만든다. 우리 모두가 겪어왔던 80년대, 정의의 편에 섰던 그의 모습은 시간의 흐름에도 변하지 않고 의정활동에서 오히려 진화발전해가고 있다.

'사랑하면 알게 되고 알게 되면 보이나니, 그때 보이는 것은 이전과 다를 것이다.' 자주 인용하는 말이다. 이 책을 통하여 몰랐던 강병수 의원의 따뜻한 모습을 재발견하게 될 것이라 생각한다. 역사와 정의에 대한 헌신, 문화에 대한 깊은 관심과 이해, 서민대중에 대한 따뜻한 연민과 애정이 배어 있는 인간 강병수와 깊은 대화를 통해 강병수 사용법을 알게 되는 안내서가 될 것이라고 생각한다.

2014년 1월

송영길 (인천광역시장)

# 1

## 내 인생 다섯 장면

# 내 **인생**
## **다섯** 장면

자서전이나 회고록을 쓰기에는 아직 젊은 나이입니다.

그런데 2010년에 지방선거에 도전하며 정치인의 삶을 시작한 때부터 지나온 제 삶을 정리해 많은 분들께 전해드리는 게 저의 또 한 가지 의무가 되었습니다.

유권자들이 선출직 공직자를 선택할 때는 개인의 능력과 소신을 비롯해 소속 정당의 정책과 가치뿐만 아니라 그 사람의 인생 전체를 총체적으로 알고 평가해야 더 올바른 선택을 할 수 있다고 믿기 때문입니다.

'사람이 우주다'라는 말이 있습니다. 한 사람의 개인사에 우주만큼 넓고 깊은 이야기가 담겨 있다는 의미입니다. 저 또한 54년을 살아오며 많은 이야기를 간직하고 있습니다.

노회찬 정의당 전 대표가 어떤 행사에서 "3분 이내에 자신의 인생을 소개할 수 없다면 잘못 살아온 것"이라는 우스갯소리로 새로운 사람들과의 첫 만남을 이끄는 것을 본 적이 있습니다.

3분은 아니지만 인간 강병수, 인천시의원 강병수가 어떻게 자라고 오늘까지 살아왔는지를 제 인생 다섯 장면으로 나눠 소개드립니다.

# 아나운서와 선생님을
## 꿈꾼 바닷가 소년

아마도 저는 바다와 인연이 깊은 사람인가 봅니다.

전라남도 여천군(현 여수시) 율촌면 갯가에서 태어난 저는 1967년, 초등학교 1학년 때 또 다른 갯가인 인천으로 가족과 함께 이사 왔습니다. 이후 성장기를 인천 도화동 숙골이라는 가난한 동네에서 보냈습니다. 아이들이 어울려 놀 수 있는 마땅한 공간이 없었던 시절, 주안 염전과 인천교 부근의 갯벌은 저와 또래 친구들에게 최대의 놀이터였습니다. 염전에서 망둥이도 잡고 수영을 배우기도 하고, 멀리 개건너(지금의 가좌동 일대)까지 친구들과 싸돌아다니면서 매일 해가 지는 줄도 모르게 놀았습니다.

항구 도시 인천, 바다에 둘러싸인 도화동은 그렇게 제 어린 시절을 추억하는 그림으로 남아있습니다. 그러나 어느 순간 주안 염전은 메워지고 그자리에 공장이 들어섰고 개건너에도 시커먼 연기를 내뿜는 공장 굴뚝이 보이기 시작했습니다. 우리들의 놀이터는 없어지고 인천교 갯벌은 점점 더러워져서 수영을 할 수 없게 됐고 망둥이와 갯지렁이도 더 이상 잡을 수 없었습니다. 지금 생각해보면 그 때가 인천시 산업화의 시작이며 바다와 갯벌 등 생태환경이 파괴되기 시작한 때인 것 같습니다.

초중고 시절 '학생 강병수'는 비교적 모범생이었고 성적도 상위권에 속했습니다. 그렇다고 공부에만 매달린 것은 아닙니다. 다양한 활동을 열심히 했습니다. 교회 중고등부 회장을 맡아 일하고, 한 학년에서 3명만 선발하는 인천고등학교 방송반 활동을 하며 목소리와 발음 연습을 많이 했습니다. 당시 점심시간을 이용해서 아마추어 디스크자키도 하면서 학생들에게 음악과 시사 단신 등을 전해주는 활동을 한 것이 큰 추억으로 남아 있습니다.

방송반 활동 덕분인지 지금도 목소리가 좋고 발음이 정확하다는 말을 가끔 듣습니다. 대학교 때는 방송국 아나운서 시험에 통과돼 아나운서의 꿈을 키우기도 했습니다.

부모님께서는 제게 많은 것을 믿고 맡겨 주시는 식으로 저를 교육하셨습니다. 아들이 엇나갈 것 같지는 않다는 믿음이 계셨던 것 같습니다. 그런 믿음이 저를 다그치고 북돋운 측면도 있을 것입니다. 또 저희 집 생활 형편이 어려워 부모님은 자식들 키우고 학비를 대기 위해 돈을 버시기 바쁘다 보니 자유 방임형 교육을 선택하신 것입니다.

항상 저를 믿고 맡겨 주신 덕분에 지금까지 살아오면서 부모님께 한 번도 매를 맞아 본 적이 없고, 싫은 소리를 들은 적도 없습니다.

인천고 재학 중, 그리고 서울시립대 경영학과 1학년에 입학할 때까지 제 장래희망은 아나운서나 선생님이 되는 것이었습니다. 고등학교에서 방송반 활동을 하며 아나운서의 꿈을 키웠다면 대학 시절에는 교직 과목을 이수하고 교생 실습까지 마치며 예비교사로서 필요한 준비를 했습니다. 아마 선생님이 됐다면 '섬마을 바닷가 학교에서 교직 생활을 할 수도 있지 않았을까' 가끔 이런 생각을 해봅니다.

# 꿈을 빼앗긴 시대,
# 학생운동 · 노동운동에서 새 길을 찾다

1970년대의 마지막 해이자 유신독재가 종말을 고한 1979년.

그해 대학 1학년이 된 제 눈에 비친 서울시립대(당시 정식 교명은 서울산업대학)의 모습은 초록의 싱그러움도, 푸른 생동감도, 붉은 정렬도 찾아볼 수 없는 잿빛 황량함뿐이었습니다.

기대심과 호기심으로 가득해야 할 신입생인 제게 대학에 드리워진 검은 그림자가 '고개를 푹 숙이고 땅만 보고 걸어갈 것'을 강요하는 것 같았습니다.

학점으로 강제화 된 교련실습을 받기 위해 교련복을 입고 교정을 돌아다니는 학생들 모습, 학도호국단, ROTC 생도들의 우렁찬 경례 구령 소리, 우중충한 교정. 학장이 육사 출신으로 장군으로 예편한 사람이라는 사실 등이 잿빛을 더욱 짙게 만들었고 거부감을 갖게 했던 기억이 떠오릅니다.

잿빛 황량함은 유신독재가 드리워놓은 암울함 때문이었습니다.

박정희 독재 정권이 종말을 고한 79년 10월. 대학 1학년인 저는 한 차례 휴교령을 경험했고, 2학년 때인 1980년에는 민주화의 봄과 광주민중항쟁을 겪었습니다. 전두환 신군부의 등장은 독재 정권의 끝이 아닌 또 다른 독재의 시작이었습니다.

개인적인 소망과 진로를 고민하는 것조차 사치스러웠던 시절, 독재에 꿈을 빼앗긴 시대. 저도 아나운서가 되겠다는 꿈을 접고 민주화를 위한 학생 운동에 전념하게 됩니다.

그런데 당시 서울시립대에서는 학생운동을 하는 것조차 쉽지 않았습니다. 저희 학교는 서울 소재 대학 중 등록금이 가장 쌌고 후기로 학생을 모집했습니다. 이 때문에 전기 응시에서 명문대에 지원했다 낙방한 성적이 우수하고 집안 형편은 어려운 학생들이 입학생의 대부분을 차지했습니다.

학생들은 입시에서 실패를 경험한 자괴감에서 쉽게 벗어나지 못했고, 빨리 대학을 졸업해 돈을 벌어 집안을 일으켜야 한다는 의식도 강했습니다. 이런 학생들에게 학교 당국과 교수님들 역시 용기와 비전을 제시하지 못해 학생들 분위기는 무겁게 가라앉아 있었고, 서클 등 학내 학생 활동도 전반적으로 침체해 있었습니다.

당시 서울시립대는 학생운동의 불모지대와 같았습니다.

인천에서 작은 사회과학 서클에서 학습한 덕에 독재 정권이 민주화운동을 탄압하고 정권을 연장하기 위해서 만들어놓은 유신헌법, 긴급조치, 학도호국단 체제 등 다양한 장치가 학교 분위기를 압도하고 있음을 알게 되었습니다. 황량한 학교 분위기와 학우들의 어려운 처지 속에서 학생운동의 씨앗을 뿌리고 불을 당겨야 했습니다.

이러한 시대적 암울함에 맞서는 어떠한 움직임도 시립대에서는 감지되지 않는 당시 교내 현실이 저를 더욱 암울하게 만들었습니다.

1980년 5월 18일, 민주주의를 쟁취하기 떨쳐 일어난 광주민중항쟁과 전두환 신군부 집단이 저지른 광주학살의 진실을 알게 된 후 더 이상 고개를 숙이고 침묵할 수 없었습니다.

그해 10월 서울시립대 학생운동사에 기록될 만하고, 향후 시립대 학생운동의 방향을 제시한 중요한 투쟁이 일어났습니다. 서울시립대에서 첫 교내 시위가 벌어진 것입니다. 광주의 진실과 전두환 정권의 실체를 폭로하는 시립대 학생들의 분노와 투쟁의지가 마침내 폭발한 것입니다.

81년부터 대학가를 중심으로 반독재 민주화 운동이 전국으로 확산되기 시작했습니다. 정권의 탄압은 더욱 거세졌고, 그럴수록 학생들의 투쟁 방식도 치열해졌습니다. 그 결과 부상을 당하고, 구속 되고, 강제로 군대에 끌려가는 사람들이 많았습니다.

시위 주동자는 현장에서 검거돼 거의 대부분 무조건 구속되는 살벌한 시대였습니다. 시위를 주도하거나 학생운동 조직에 참여하는 것은 구속을 각오하지 않으면 할 수 없는 큰 결단과 희생을 요구했습니다.

82년, 4학년이 된 저는 무역학과 동기 임창훈 등과 함께 시립대 학생운동을 이끌고 있었습니다. 그때 후배들이 잇따라 구속되고 강제 징집되는 상황이 벌어졌고, 최고 선배로서 투쟁의 모범을 보여야 한다는 큰 책임감을 느꼈습니다.

학생의 날인 11월 3일 12시 점심시간.

임창훈이 사회과학관 4층에 플래카드를 내려뜨리고 메가폰을 들고 "살인마 전두환을 타도하자"는 구호를 외쳤습니다. 〈불의에 대한 우리의 분노는 죽었는가! 시대인이여〉 라는 제목의 유인물이 공중에 뿌려졌고, 도서관 앞에서 대기하고 있던 저는 100여 명의 학생들과 함께 노래를 부르고 구호를 외치며 시위를 벌였습니다.

집회는 미리 학내에 진입해 있던 경찰들에 의해 10분 만에 진압되고 말 았습니다. 이 일로 주동자인 저와 임창훈은 바로 구속돼 둘 다 1년간 옥살 이를 했을 뿐만 아니라 학교에서도 제적됐습니다.

이날 시위는 아주 짧은 시간 동안 이루어졌지만 시립대 학생운동사에 서 처음으로 조직적으로 준비해 진행된 투쟁으로 기록되고 있습니다. 그 리고 이 투쟁을 기점으로 서울시립대는 학생운동의 불모지라는 불명예에 서 벗어나 학생운동의 새로운 개척지로서의 소명을 충실하게 수행하게 되 었습니다.

시립대 학생운동을 책임지고 있던 저로서는 당연한 선택이었고 분명 정 의로운 활동이었습니다. 하지만 어려운 형편에 대학까지 보내주신 부모님 께는 씻을 수 없는 불효를 저지른 것입니다.

이때 감옥에서 아버지께 쓴 편지에 이런 대목이 있습니다.

≪저 때문에 이것저것 걱정이 많으셔서 혹시 몸까지 쇠하시지나 않을 까 매우 걱정이 되며 죄송스러운 마음이 끊이질 않습니다. …… 인간에 대 한 뜨거운 애정과 정의에 대한 끊임없는 추구와 용기 등이 인간을 인간답 게 만들어주는 중요한 요소라고 생각합니다. 현명한 자는 어려움을 당할 때 넘어지지 않고 그 어려움을 넘고 일어나서 보다 밝은 곳으로 향하는 슬 기가 있어야 되지 않겠습니까 아버님. 제가 지금 그러한 때를 당한 것 같 습니다. 물론 제 스스로 선택한 길이긴 하더라도 이번 기회를 통하여 보다 더 성숙할 수 있는 계기가 될 수 있지 않겠습니까. 저는 요사이 생각할 때 저의 부족을 많이 깨닫게 됩니다. 그러므로 제가 지금 커가고 있는 과정이 요 보다 더 성숙하기 위한 몸부림으로 보아 주셨으면 합니다. 그렇게 생

각하실 때 지금의 저의 처지는 결코 슬퍼할 것만은 아니리라 생각합니다. 젊어서는 사서라도 고난을 겪는다고 하는데, 저의 신념을 위한 이 정도의 어려움이야 달게 받으면서 발전의 계기로 삼을 수 있지 않겠습니까? ……
1983.3.9. 병수 올림≫

감옥에서 나온 후 다시 학교로 돌아갈 수 없었습니다.

그 시절 학생운동에 헌신했던 수많은 청년들이 그랬듯이 저도 지역에 내려와 노동 현장에 투신했습니다. 제가 어린 시절 뛰어놀던 개건너 지역, 지금의 5,6공단 주변에서 노동자 생활을 시작했습니다. 어느 지역보다 노동자들의 삶이 열악하고, 저의 집이 있는 인천 지역의 노동운동 현장 활동가가 된 것입니다. 당연하고 자연스러운 선택이었습니다.

그때 저는 이 땅 노동자들의 삶을 개선하고, 이들의 단결을 통해 사회를 변혁하겠다는 꿈을 꾸었습니다.

1986년 가좌동 벽산금속에서 처우개선과 임금인상을 요구하며 파업을 주도하다가 해고 되었습니다. 그 이후 후배들의 현장 활동을 지도하다가 87년 1월부터 9월까지 또 다시 구속되고 말았습니다. 두 번째 옥살이였습니다. 이 때문에 역사적인 87년 6월 민주항쟁을 인천교도소에서 보냈고, 밖에서 투쟁하는 동지들, 국민들에게 부끄럽지 않으려고 옥중투쟁을 열심히 벌였습니다.

감옥에 두 번째로 갇히는 신세가 됐을 때는 이미 결혼해 아내와 딸이 있었습니다. 학생 때 감옥에 간 후 다시 또 불효를 저지른 것도 모자라 이번엔 아내와 아이에게까지 남편으로서 아빠로서 제 역할을 못했던 것입니다.

이 때 감옥에서 큰 딸 앞으로 보냈던 편지를 아내가 보관해 왔더군요. 그

때의 제 생각과 처지를 잘 보여주고 있어 내용을 아래에 전합니다.

새희 보아라.

흐릿흐릿한 토요일 오후다.

오랜만에 우리 새희에게 편지를 쓰게 되었구나.

오늘 네 얼굴을 보았더니, 얼굴이 아주 하얗고 생글생글 웃고 있더구나. 그리고 너의 작은 입술에 뽀뽀를 했더니 기분이 좋더구나.

요새는 외할머니네 가서 산다고 하는데 할머니가 우리 새희를 많이 예뻐해 주시는지? 새희가 아빠를 대신해서 인사드려 주렴. 외할아버지께도 역시.

오늘은 선고 받는 날이다. 이미 결정되어 진 것을 형식적인 절차를 거쳐서 발표하는 것이기 때문에 선고 그 자체의 의미보다는 우리 새희의 손도 한 번 잡아 보고 그리고 새희 엄마를 만나보는 그러한 시간이었다. 그리고 세상구경도 한 번씩 하는 나들이의 날이었다. 출정 가는 날이면 매번 그렇듯이 아침에 머리를 깨끗이 감고 옷도 단정하게 빨아서 입고 출발했다. 물론 그 보기 싫은 포승줄에 꽁꽁 묶여서.

다른 때 같았으면 오늘 나가서 무슨 말을 어떻게 할 것인가를 생각하느라 머리가 바빴는데, 오늘은 이미 할 말을 다했기 때문에 한가한 마음으로 차를 타고 법정으로 향했다. 마음은 조금 착잡하기도 했지만 대체로 담담한 편이었다.

왜냐하면 오늘의 선고에 기대할 것은 아무것도 없고, 그 동안 거쳤던 형식을 공표하는 것 이외에는 아무런 의미가 없기 때문이다. 대기실에 도착했을 때는 9시30분 정도. 30분 정도의 시간 여유가 있더구나. 그래서 오늘 출소할 수 있으리라 예정되던 남화균과 오랜만에 정담을 나누고, 그동안의 생활에 대한 상호비판과 앞으로 나가서 해야 할 일에 대해 의견을 교환했다.

재판의 결과는 예정했던 대로이고, 각본대로 였다. 문제는 오히려 선고 이유의 부당성에

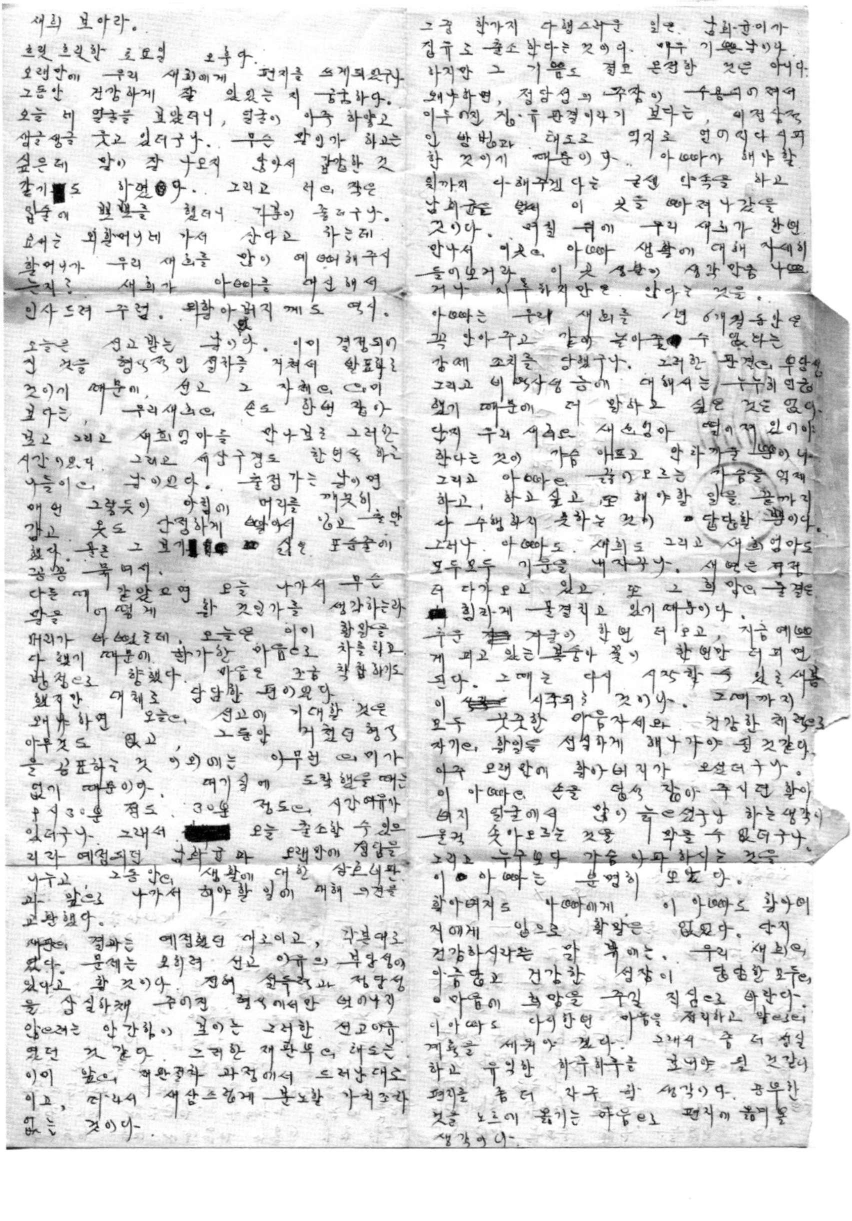

새희 보아라.
흐릿흐릿한 토요일 오후다.
오래간만에 우리 새희에게 편지를 쓰게 되었구나.
그동안 건강하게 잘 있었는지 궁금하다.
오늘 네 얼굴을 보았더니, 얼굴이 아주 하얗고
싱글생글 웃고 있더구나. 무슨 말인가 하고는
싶은데 말이 잘 나오지 않아서 갑갑한 것
같기[redacted]도 하면서다. 그리고 네의 작은
입술에 뽀뽀를 했더니 기분이 좋더구나.
요새는 외할머니네 가서 산다고 하는데
할머니가 우리 새희를 많이 예뻐해 주시
는지? 새희가 아빠를 대신해서
인사드려 주렴. 외할아버지께도 역시.

오늘은 선고받는 날이다. 이미 결정되어
진 것을 형식적인 절차를 거쳐서 발표할
것이기 때문에, 선고 그 자체의 의미
보다는, 우리 새희의 손도 한번 잡아
보고 그리고 새희엄마를 만나보는 그러한
시간이었다. 그리고 세상구경도 한번 하는
나들이의 날이었다. 출정가는 날이면
매번 그랬듯이 아침에 머리를 깨끗이
감고 옷도 단정하게 빨아서 입고 출정
했다. 물론 그 보기[redacted] 싫은 포승줄에
꽁꽁 묶여서.
다른 때 같았으면 오늘 나가서 무슨
말을 어떻게 할 것인가를 생각하느라
머리가 바빴을텐데, 오늘은 이미 할 말을
다 했기 때문에 한가한 마음으로 차를 타고
법정으로 향했다. 마음은 조금 착잡하기도
했지만 대체로 담담한 편이었다.
왜냐하면 오늘은 선고에 기대할 것은
아무것도 없고, 그동안 거쳐온 형식
을 공표하는 것 이외에는 아무런 의미가
없기 때문이다. 대기실에 도착했을 때는
9시 30분 쯤도. 30분 정도의 시간여유가
있더구나. 그래서 [redacted] 오늘 출소할 수 있으
리라 예정되던 남희균과 오래간만에 정담을
나누고 그동안의 생활에 대한 상호비판
과 앞으로 나가서 해야할 일에 대해 의견을
교환했다.
재판의 결과는 예정했던 대로이고, 각본대로
였다. 문제는 오히려 선고 이유의 부당성에
있다고 할 것이다. 전혀 설득력과 정당성
을 상실한 채 주어진 형식에서만 벗어나지
않으려는 안간힘이 보이는 그러한 선고이유
였던 것 같다. 그러한 재판부의 태도는
이미 앞의 재판절차 과정에서 드러난대로
이고, 따라서 새삼스럽게 분노할 가치조차
없는 것이다.

그중 한가지 다행스러운 일은 남희균이가
집유로 출소한다는 것이다. 매우 기쁜 날이나
하지만 그 기쁨도 결코 온전한 것은 아니다.
왜냐하면, 정당성의 주장이 수용되어져서
이루어진 집·유 판결이라기 보다는, 비정상적
인 방법과 태도로 억지로 얻어내다시피
한 것이기 때문이다. 아빠가 해야할
일까지 다 해주겠다는 굳센 약속을 하고
남희균은 벌써 이곳을 빠져나갔을
것이다. 며칠 뒤에 우리 새희가 한번
만나서 이곳의 아빠 생활에 대해 자세히
들어보거라. 이곳 생활이 생각만큼 나쁘
거나 지루하지만은 않다는 것을.
아빠는 우리 새희를 1년 6개월 동안을
꼭 안아주고 같이 놀아줄 수 없다는
강제 조치를 당했구나. 그러한 판결의 부당성,
그리고 비[illegible]성 등에 대해서는 누누히 언급
했기 때문에 더 말하고 싶은 것도 없다.
단지 우리 새희와 새소영아 옆에 저 있어야
한다는 것이 가슴 아프고 안타까울 뿐이다.
그리고 아빠의 끓어오르는 가슴을 억제
하고, 하고 싶고 또 해야할 일을 끝까지
다 수행하지 못하는 것이 답답할 뿐이다.
그러나 아빠도 새희도 그리고 새희엄마도
모두모두 기운을 내자구나. 새벽은 점점
더 다가오고 있고 또 그 희망의 물결은
[redacted] 힘차게 물결치고 있기 때문이다.
추운 겨울이 한번 더 오고, 지금 예쁘
게 피고 있는 복숭아 꽃이 한번만 더 피면
된다. 그때는 다시 시작할 수 있는 새봄
이 시작되는 것이다. 그때까지
모두 꿋꿋한 마음자세와 건강한 체력으로
자기의 할일을 성실하게 해나가야 될 것 같다.
아주 오래간만에 할아버지가 오셨더구나.
이 아빠의 손을 덥석 잡아 주시던 할아
버지 얼굴에서 많이 늙으셨구나 하는 생각이
울컥 솟아오르는 것을 참을 수 없더구나.
그리고 누구보다 가슴 아파 하시는 것을
이 아빠는 분명히 보았다.
할아버지도 아빠에게, 이 아빠도 할아버
지에게 입으로 할 말은 없었다. 단지
건강하시라는 말 밖에는. 우리 새희의
아름답고 건강한 성장이 씩씩한 모두의
마음에 희망을 주길 진심으로 바란다.
이 아빠도 다시 한번 마음을 정리하고 앞으로의
계획을 세워야 겠다. 그래서 좀 더 성실
하고 유익한 하루하루를 보내야 될 것 같다
편지를 좀 더 자주 할 생각이다. 공부한
것을 노트에 옮기는 마음으로 편지에 옮겨볼
생각이다.

누구보다 우리 서희 은아 마음이 가장 아프고
힘들리라고 생각한다. 아빠가 이웃에 봉사로
참여하지만 실제로 고생은 서희 은아가 다
하는 것 같다. 마음으로나 육체적 피로들
많이 하기에 미안하기 그지없는 것 같다.
그러나 아빠가 마음을 크게 먹듯이
서희 은아도 아음 굳게 먹고 자세는
갖길 바란다. 그래야 훗날 이
어려운 세상을 힘차게 헤쳐나갈 것이다.
서희가 은아에게 큰 힘이 되어줄 수 있을
거지?

조금 전기 청소를 했다. 특별히 구오을
기대하지는 않는다 ▨ 그 사정은 참 알고
있으리라 믿는다.
청소실은 사실상 6월말이나 7월
초에서부터 시작되지 않을까 예견된
다. 그때까지는 특별한 연락가 없을 것이
그냥 이만 줄여야겠다.
우리 모두 건강할 것을 서로 약속하면서
●그만 쓰기로 하자. 잘 있거라.
1983. 4. 26          아빠가 새 희망을
                     보고 올은 마음으로.

있다고 할 것이다. 전혀 설득력과 정당성을 상실한 채 주어진 형식에서만 벗어나지 않으려는 안간힘이 보이는 그러한 선고이유였던 것 같다. 그러한 재판부의 태도는 이미 앞의 재판절차 과정에서 드러난 대로 이고, 따라서 새삼스럽게 분노할 가치조차 없는 것이다.

그중 한 가지 다행스러운 일은 남화균이가 집유로 출소한다는 것이다. 매우 기쁜 날이다. 하지만 그 기쁨도 결코 온전한 것은 아니다. 왜냐하면, 정당성의 주장이 수용되어서 이루어진 집유 판결이라기보다는, 비정상적인 방법과 태도로 억지로 얻어지다시피 한 것이기 때문이다. 아빠가 해야 할 일까지 다 해주겠다는 굳센 약속을 하고 남희균은 벌써 이곳을 빠져나갔을 것이다. 며칠 뒤에 우리 새희가 한 번 만나서 이곳의 아빠 생활이 생각만큼 나쁘거나 지루하지만은 않다는 것을.

아빠는 우리 새희를 1년6개월 동안은 꼭 안아주고 같이 놀아줄 수 없다는 강제 조치를 당했구나. 그러한 판결의 부당성 그리고 비역사성 등에 대해서는 누누이 언급했기 때문에 더 말하고 싶은 것은 없다. 단지 우리 새희와 새희 엄마와 떨어져 있어야 한다는 것이 가슴 아프고 안타까울 뿐이다.

그러나 아빠도 새희도 그리고 새희 엄마도 모두모두 기운을 내자꾸나. 새벽은 점점 더 다가오고 있고 또 그 희망의 물결은 힘차게 물결치고 있기 때문이다.

추운 겨울이 한 번 더 오고, 지금 예쁘게 피고 있는 복숭아꽃이 한 번만 더 피면 된다. 그때는 다시 시작할 수 있는 새봄이 시작되는 것이다. 그때까지 모두 꿋꿋한 마음자세와 건강한 체력으로 자기의 할 일을 성실하게 해나가야 될 것 같다.

아주 오랜만에 할아버지가 오셨더구나. 이 아빠의 손을 덥석 잡아 주시던 할아버지 얼굴에서 많이 늙으셨구나 하는 생각이 울컥 솟아오르는 것을 막을 수 없더구나. 그리고 누구보다 가슴 아파 하시는 것을 이 아빠는 분명히 보았다.

할아버지도 아빠에게, 이 아빠도 할아버지에게 입으로 할 말은 없었다. 단지 건강하시라는 말 밖에는. 우리 새희의 아름답고 건강한 성장이 답답한 모두의 마음에 희망을 주길 진심으로 바란다.

이 아빠도 다시 한 번 마음을 정리하고 앞으로의 계획을 세워야겠다. 그래서 좀 더 성실하고 유익한 하루하루를 보내야 될 것 같다. 편지를 좀 더 자주 할 생각이다. 공부한 것을 노트에 옮기는 마음으로 옮겨 볼 생각이다.

누구보다 우리 새희 엄마 마음이 가장 아프고 답답하리라 생각된다. 아빠가 이곳에 볼모로 잡혀 있지만 실제로 고생은 새희 엄마가 다 하는 것 같다.

마음고생과 육체적 피로 등 말로 하기에 어려움이 있는 것 같다.

그러나 아빠가 마음을 굳게 먹듯이 새희 엄마도 다시금 굳센 마음과 자세를 가져주길 바란다. 그래서 같이 이 어려운 세상을 힘차게 힘차게 살아가야겠다. 새희가 엄마에게 큰 힘이 될 수 있을 런지?

조금 전에 항소를 했다. 특별히 무엇을 기대하지는 않는다. 그 사정은 잘 알고 있으리라 믿는다.

항소심의 사실심리는 6월말이나 7월초에서부터 시작되지 않을까 예상된다. 그때까지는 특별한 변화가 없을 것이다. 그럼 이만 줄여야겠다.

우리 모두 건강할 것을 서로 약속하면서 그만 쓰기로 하자. 잘 있거라.

1987. 4. 25

아빠가. 새희를 보고 싶은 마음으로


학생운동에 참여하게 되면서부터 제 개인의 소박한 꿈을 잃었는지도 모릅니다. 그래도 저는 제 인생에 필요한 대부분의 것을 학생운동을 통해서 배우고 얻었다고 생각합니다. 세상을 바라보고 분석할 수 있는 관점, 끝까지 포기할 수 없는 휴머니즘, 어떠한 어려움도 이겨낼 수 있는 인내심, 평생 함께 살 동지와 동지애, 조직을 만들고 일을 도모하는 능력을 배웠습니다. 또 사람과 사회에 대한 끊임없는 관심과 애정만이 세상을 변화시킬 수 있는 유일한 길임을 배웠습니다. 지금도 학생운동 당시의 순수하고 치열했던 마음을 잃지 않고 살려고 노력하고 있습니다.

88년 2월, 입학한 지 10년 만에 대학을 졸업하게 됐고 교사 자격증도 받았습니다.

부모님께 저지른 불효를 100만 분의 1만큼은 갚은 것 같았습니다.

# 내 **청춘**의
## **일터**이자 **배움터** 〈한겨레신문〉

　군사독재정권의 항복을 받아낸 87년 6월 시민항쟁 덕분에 1년 6개월의 형기를 다 채우지 않고 감형돼 일찍 출소할 수 있었습니다.

　감옥에서 나온 직후인 87년 10월부터 새로운 민주언론 창간 운동에 참여하게 됩니다. 바로 1988년 5월에 창간한 〈한겨레신문〉입니다.

　인천지역 후원회 사무국장으로 시작한 한겨레와의 인연은 2010년 지방선거에 출마하기 위해 신문사를 퇴직할 때까지 20년 넘게 계속됐고, 지금도 평생독자로 이어지고 있습니다.

　87년 6월 민주항쟁을 거치며 새로운 민주언론이 필요하다는 목소리가 전국에 걸쳐 뜨겁게 뿜어져 나왔습니다. 한겨레는 국민 5만 명이 주주로 참여해 만든 세계 최초의 국민주 신문으로 탄생했습니다. 저는 여기에 창간 준비 단계부터 참여했습니다. 인천 지역 한겨레 창간 후원회 사무국장을 맡아 일하면서 전국에서 마련한 창간 자본금 50억 중 2억 원을 이곳 인천에서 모았습니다. 창간호 발행에 맞춰 매일 새벽 부평 지역에 신문을 배달하고 독자 모임 등을 꾸려갈 지국을 만들고 초대 지국장으로 시작해 5년간 일했습니다. 당시 지국은 신문을 배달하는 일뿐만 아니라 주주, 독자들과 함께 다양한 지역활동을 펼치는 시민단체와 같은 역할을 수행했습니다. 이 때문인지 '한겨레신문 지국장'이던 저를 지금도 기억하는 분들이 많습니다.

이후 한겨레 본사에 입사해 기획, 총무, 교육 등 다양한 업무 분야에서 경험을 쌓고 성과를 냈습니다.

94년 가을, 한겨레신문 본사에 근무하던 이 병 선배로부터 "한겨레문화센터를 만들려고 하는데 주무를 맡아 달라"는 제안을 받고 새로운 도전에 나섰습니다. 이듬해 3월 문화센터를 설립하고 이후 약 7년간 이곳 책임자로 일했습니다.

시민들의 문화 교육에 대한 욕구는 가히 폭발적이었습니다. 80년대의 엄혹한 시대 상황 때문에 자신도 모르게 억눌려 있던 문화 향유 욕구와 자아실현을 위한 교육열이 일시에 분출한 것입니다. 행복한 삶을 위한 자기계발 강좌에 시민들이 몰려들었습니다. 개인의 행복이 시대적 요구로 전면에 등장하기 시작한 것도 이 무렵일 것입니다.

영화, 애니메이션, 만화, 비디오, 사진, 출판, 뉴미디어, 철학, 경제학, 사회학, NGO, 생태운동, 대안교육 강좌 등을 기획해 진행했고, 교육에 참여한 사람들이 자발적으로 학습동아리를 만들어 지속적으로 교류할 수 있도록 지원했습니다.

한겨레문화센터에서의 일은 잊고 지냈던 제 꿈을 다시 일깨워 주었고 그것을 이루어 주었습니다. 어린 시절 선생님이 되겠다며 교육자를 꿈꾸었던 게 사회교육, 평생교육 기획자로 마침내 이루어진 것입니다.

평생교육의 중요성을 깨닫고 이를 통해 사람과 사회를 변화시킬 수 있다는 새로운 가능성을 발견했습니다. 이후 저는 서강대학교 교육대학원에 진학해 〈고령화 사회 문화복지형 노인평생교육 발전방안 연구〉 논문으로 석사 학위를 받기도 했습니다.

한겨레에 다닐 때 제게 재미난 별명이 하나 생겼습니다. 바로 사회주의자입니다.

주주총회, 언론상 시상식, 출판기념회 등 회사의 주요 행사 사회를 도맡아 진행하다보니 동료들이 이런 별명을 붙여 준 것입니다.

이런 '사회 본능'은 시의원이 된 후에도 의회가 주최하는 각종 토론회에서 사회를 많이 맡아 보는 것으로 이어지고 있습니다.

또 언론사에서 배우고 익힌 지국운영, 평생교육, 문화사업, 총무 및 마케팅·경영기획, 교육사업 등의 업무를 두루 거치면서 한겨레의 사람 존중의 정신, 투명 경영과 상호 소통의 조직 운영 방법, 시대를 앞서가면서도 대중과 함께 하는 사업 방식 등을 배우고 익힐 수 있었습니다.

한겨레는 제 청춘의 일터이자 배움터입니다.

# **죽음** 앞에서
# **생명** · **생태**에 눈을 뜨다

누구나 인생에 크고 작은 시련이 한두 번쯤은 찾아오기 마련입니다.

그런데 제겐 그 정도가 좀 심했던 것 같습니다. 두 차례 옥고를 치른 것도 보통사람들은 잘 겪지 않을 시련이었습니다.

그래도 수감생활은 제가 운동가의 삶을 선택한 순간부터 언제든 닥칠 수 있는 일이었으니 누구를 탓하지 않았습니다.

물론 저를 가둔 독재정권에 대한 분노가 있었지만 저를 감옥에 보내고 고통 받을 부모님과 아내, 딸과 동지들을 향한 미안함에 비하면 결코 크다고 할 수 없었습니다.

하지만 97년 서른일곱 젊은 나이에 찾아온 위암은 받아들일 수도 굴복할 수도 없는 엄청난 시련이었습니다.

제가 위암에 걸렸다는 사실을 의사로부터 처음 들을 순간 온몸이 마비되는 듯한 전율 같은 것을 느꼈습니다. 사랑하는 아버지를 위암으로 잃은 지 2년 만에 이번엔 제가 똑같은 병으로 죽음의 문턱 앞에 서게 된 것입니다. 어머니와 아내, 초등학생인 두 딸의 얼굴이 가장 먼저 떠올랐습니다. 사랑하는 가족들만 남겨 두고 죽을 수도 있다는 두려움이 밀려왔습니다. 동시에 큰 싸움을 앞두고 느꼈던 긴장감과 암을 이겨내겠다는 승부욕 같은 묘한 감정이 끓어올랐습니다.

발견 당시 초기라던 암은 수술을 하고 보니 3기까지 진행된 상태였습니다. 희망과 절망이 교차하는 힘겨운 순간이었습니다.

먼저 마음을 비우기로 했습니다. 민주화운동을 하는 과정에서 저도 모르게 제 마음 속에 자리 잡은 분노와 미움을 내려놓는 것부터 시작했습니다. 또 '설사 죽게 되더라도 내가 하고 싶은 일을 마음껏 하다가 죽겠다'는 관조하는 자세를 가지려고 노력했습니다.

수술 후에는 4주에 한 번씩 매우 강한 항암제를 맞았습니다. 무서운 속도로 자라나는 암세포를 죽이기 위해 투입하는 약물은 건강한 세포들도 함께 죽였습니다. 이럴 때면 몸이 녹아나 녹초가 돼 누워 있어야 했습니다. 그렇게 또 힘겨운 고비를 넘기고 회사에 출근하면 저도 모르게 의욕이 솟고 쌩쌩해졌습니다.

위암 수술을 받기 위해 입원해 있던 넉 달을 제외하고는 항암 치료를 받는 내내 한겨레문화센터에 출근해 전과 같이, 아니 전보다 더 열심히 일했습니다. 가족과 동료들은 이런 저를 걱정하고 만류했지만 저는 병에 대한 두려움과 초조함으로 불안해하기보다 당당하게 일하면서 병을 이기는 길을 선택했고, 결국 이게 최선의 치료법이 돼 주었습니다.


제가 암을 이겨내고 새 생명을 살 수 있었던 것은 무엇보다 아내 김인숙의 지극한 보살핌과 두 딸 새희, 한솔의 응원 덕분이었습니다. 또 함께 아파해 주고 이겨낼 수 있다는 용기를 준 서울시립대 동창들과 노동운동 동지들, 그리고 문화센터 동료와 수강생 등 수많은 사람들의 격려가 큰 힘이 됐습니다. 시립대 민주동문회 선후배들은 적지 않은 돈을 모아 치료비에 쓰라고 주었는데 마음만 받고 이 돈을 다시 후배들 장학금으로 후원하기도 했습니다.

# 암도 눌러 이긴 80년대 운동의 힘

오랜만에 그를 만나는 사람들은 세 번 놀란다. 85kg의 건장한 체구를 자랑하던 그가 65kg의 날렵한 몸매의 소유자가 되었다는 점에서, 위암 3기라는 극한적 상황을 옹골차게 이겨냈다는 점에서, 그것도 나른한 병상에서가 아니라 생생한 일터의 현장에서 건강을 되찾음과 동시에 새로운 삶의 탄력까지 얻어냈다는 점에서.

한겨레 문화센터의 주역 강병수 부장(40). 그는 배짱이 두둑한 사람이다. 80년대에는 독재에 맞서 싸웠고, 90년대에는 집단적 혼돈과 무기력에 맞서 싸웠으며, 새로운 세기를 준비하면서 암과의 한판 승부를 치렀다. 도대체 저 선량하고 넉넉해 보이는 웃음 뒤에 어떤 괴력이 숨어 있었던 것일까.

"옛날에 동 뜨러 나갈 때의 그 짱짱함 긴장감 있죠? 암과 투쟁하리라는 결연한 각오에도 불구하고 깊은 속으로부터 어쩔 수 없이 밀려드는 두려움, 혹시 이대로 잘못되지 않을까 하는 두려움이 항상 있었지요. 그것을 이기는 방법이 일이었어요. 일을 하면 언제 그랬냐 싶게 모든 걱정이 사라지고 마냥 힘이 났거든요."

97년, 위의 3분의 2를 잘라내는 대수술을 하느라 휴직했던 4개월을 제외하면, 한겨레 문화센터에서 그의 활동은 이전과 다름이 없다. 수술은 성공적이었고, 1년 후에 받은 검진 결과도 이상 무. 그러나 이제 그는 지속적인 건강관리를 위해 한 달에 한 번씩 인천의 한의원에 다닌다. 80년대 운동권치고 자기 관리, 특히 건강에 신경 쓸 여유를 가졌던 사람이 몇이나 될까. 따지고 보면 그를 덮쳤던 병마도 엄혹한 시절에 치러야 했던 두 번의 징역과 관련이 깊다. 특히 인천에서 노동운동을 하다 87년 1월 두 번째로 구속된 그는 6월 항쟁도 감옥에서 맞아야 했다.

"박종철 죽고 나서 6월 항쟁에 이르기까지 계속 싸웠죠. 밖에서 싸우는 만큼 감옥 안에서도 엄청나게 싸웠거든요. 단식했다 풀고 단식했다 풀고, 하여간 수도 없이 단식했어요. 그때 속을 버린 것 같아요."

감옥에서 나온 그가 제일 먼저 달려간 곳은 병원이 아니라 운동 현장이었다. 7, 8월 노동자 대투쟁을 지켜보면서 그는 6월 항쟁에서 분출된 시민들의 힘이 노동운동과 결합하여 사회대변혁으로 나아갈 것을 기대했다. 그러나 결과는 그의 기대와는 달랐다. 노동운동을 지속하려던 그가 생각의 변화를 겪게 된 것도 바로 그 즈음.

"이제 노동자들은 스스로 싸울 수 있는 자생력을 갖췄다는 판단이 들었어요. 그러면 나는 무엇을 할 것인가, 각 운동과 시민들과의 접점을 강화하고 시민들의 생각을 한 단계 끌어올리는 일을 하는게 좋지 않을까 생각했죠. 마침 『한겨레신문』 창간 소식이 들려 왔지요. 아, 신문이라는 매체를 통해 시민들을 교육하고, 운동 진영과의 결합을 이뤄낼 수 있겠다라는 생각을 하게 된 거죠."

87년 10월, 그는 인천 지역 『한겨레신문』 후원회를 결성하여 2억 원 가량의 후원금을 모은 것을 필두로 인천지역 주주독자 모임을 만들었고, 부평에 『한겨레신문』 지국을 세웠다. 5년간에 걸친 그의 지국 활동은 일반적인 신문사 지국과는 완전히 달랐다. 새벽에 일어나 직원들과 함께 신문 배달을 하면서 시민 홍보활동을 펼쳤고, 초청 강연과 각종 간담회, 전시회, 문화공연 주최, 지역신문 발간 등 진보적인 지역문화를 일구는 데 힘썼다. 어쩌면 그는 그때 이미 문화센터의 모형을 실험하고 있었던 게 아닐까.

94년 가을 그는 문화센터 창립 임무를 맡아달라는 『한겨레신문』의 제의를 받았다. 『한겨레신문』에 대한 이해도 깊고, 인천 지역에서 지국 활동을 했고, 운동 경험도 있고, 문화 및 교육 사업에 대한 지향이 분명하다는 그의 장점을 높이 산 것이다. 그렇

# 암도 눌러 이긴 80년대 운동의 힘

**오랜만에 그를**

만나는 사람들은 세 번 놀란다. 85kg의 건장한 체구를 자랑하던 그가 65kg의 날렵한 몸매의 소유자가 되었다는 점에서, 위암 3기라는 극한적 상황을 옹골차게 이겨냈다는 점에서, 그것도 나른한 병상에서가 아니라 생생한 일터의 현장에서 건강을 되찾음과 동시에 새로운 삶의 탄력까지 얻어냈다는 점에서.

한겨레문화센터의 주역 강병수 부장(40). 그는 배짱이 두둑한 사람이다. 80년대에는 독재에 맞서 싸웠고, 90년대에는 집단적 혼돈과 무기력에 맞서 싸웠으며, 새로운 세기를 준비하면서 암과의 한판 승부를 치렀다. 도대체 저 선량하고 넉넉해 보이는 웃음 뒤에 어떤 괴력이 숨어 있었던 것일까.

"옛날에 용 뜨러 나갈 때의 그 짱짱한 긴장감 있죠? 암과 투쟁하리라는 결연한 각오에도 불구하고 깊은 속으로부터 어쩔 수 없이 밀려드는 두려움, 혹시 이대로 잘못되지 않을까 하는 두려움이 항상 있었지요. 그것을 이기는 방법이 일이었어요. 일을 하면 언제 그랬냐 싶게 모든 걱정이 사라지고 마냥 힘이 났거든요."

97년, 위의 3분의 2를 잘라내는 대수술을 하느라 휴직했던 4개월을 제외하면, 한겨레문화센터에서 그의 활동은 이전과 다름이 없다. 수술은 성공적이었고, 1년 후에 받은 검진 결과도 이상 무. 그러나 이제 그는 지속적인 건강 관리를 위해 한 달에 한 번씩 인천의 한의원에 다닌다. 80년대 운동권치고 자기 관리, 특히 건강에 신경 쓸 여유를 가졌던 사람이 몇이나 될까. 따지고 보면 그를 덮쳤던 병마도 엄혹한 시절에 치러야 했던 두 번의 징역과 관련이 깊다. 특히 인천에서 노동운동을 하다 87년 1월 두 번째로 구속된 그는 6월 항쟁을 감옥에서 맞아야 했다.

"박종철 죽고 나서 6월 항쟁에 이르기까지 계속 싸웠죠. 밖에서 싸우는 만큼 감옥 안에서도 엄청나게 싸웠거든요. 단식했다 풀고 단식했다 풀고, 하여간 수도 없이 단식했어요. 그때 속을 버린 것 같아요."

감옥에서 나온 그가 제일 먼저 달려간 곳은 병원이 아니라 운동 현장이었다. 7, 8월 노동자 대투쟁을 지켜보면서 그는 6월 항쟁에서 분출된 시민들의 힘이 노동운동과 결합하여 사회대변혁으로 나아갈 것을 기대했다. 그러나 결과는 그의 기대와는 달랐다. 노동운동을 지속하려던 그가 생각의 변화를 겪게 된 것도 바로 그 즈음.

"이제 노동자들은 스스로 싸울 수 있는 자생력을 갖췄다는 판단이 들었어요. 그러면 나는 무엇을 할 것인가, 각 운동과 시민들과의 접점을 강화하고 시민들의 생각을 한 단계 끌어올리는 일을 하는 게 좋지 않을까 생각했죠. 마침 『한겨레신문』

창간 소식이 들려 왔지요. 아, 신문이라는 매체를
통해 시민들을 교육하고, 운동 진영과의 결합을
이뤄낼 수 있겠더라는 생각을 하게 된 거죠."

　87년 10월, 그는 인천 지역 『한겨레신문』 후
원회를 결성하여 2억 원 가량의 후원금을 모은 것을 필두로 인천지역 주주독자 모임을 만들었고,
부평에 『한겨레신문』 지국을 세웠다. 5년 간에 걸친 그의 지국 활동은 일반적인 신문사 지국과는
완전히 달랐다. 새벽에 일어나 직원들과 함께 신문 배달을 하면서 시민 홍보활동을 펼쳤고, 초청
강연과 각종 간담회, 전시회, 문화공연 주최, 지역신문 발간 등 진보적인 지역문화를 일구는 데
힘썼다. 어쩌면 그는 그때 이미 문화센터의 모형을 실험하고 있었던 게 아닐까.

　94년 가을 그는 문화센터 창립 임무를 맡아달라는 『한겨레신문』의 제의를 받았다. 『한겨레신
문』에 대한 이해도 깊고, 인천 지역에서 지국 활동을 했고, 운동 경험도 있고, 문화 및 교육 사업
에 대한 지향이 분명하다는 그의 장점을 높이 산 것이다. 그렇게 시작한 한겨레문화센터가 올해
로 6주년을 맞는다. 95년 3월 문을 연 한겨레문화센터는 6년 동안 눈부시게 발전했다. 그 외연만
더듬어 봐도 개관 당시 총 4명이던 직원이 14명으로 늘어났고, 건물의 1개 층을 빌려쓰던 것이
4개 층으로 늘어났으며, 그 동안 강의를 맡은 강사만 2천여 명, 수강생은 총 3만 명이 넘는다. 강
병수 부장이 자랑하는 또 하나의 성과는 수강생들이 자발적으로 만든 50개 가량의 동호회. 올 3
월에는 이들의 주도로 문화센터 6주년 기념 '아마추어가 만드는 문화 웹진'이 창간된다.

　그러나 어찌 아쉬움이 없었겠는가. 97년 12월부터 전국 문화네트워크의 실험무대가 됐던 군산지
역 문화센터가 적자에 허덕이다 2년 만에 문을 닫았을 때, 그는 적잖이 실망했다. 도시가 작고 시
장 자체가 너무 협소했던 탓이다. 다른 지역이라 해서 결과가 크게 다르진 않았을 것이다. 그렇다
면 문화와 교육으로부터 소외된 지역의 요구를 수렴할 방도는 없는 것일까. 그는 이제 다른 카드
를 준비하고 있다. 온라인과 오프라인의 결합을 통한 전국 문화네트워크의 건설. 서울의 강좌를
온라인으로 제작하여 지역 회원들에게 염가로 제공하고, 한 달에 한 번 강사와의 만남을 통해 온
라인의 부족한 점을 해소하는 방식이 바로 그것이다. 그 시점이 되면 각 지역 시민단체와 힘을
합쳐 명실상부한 전국 문화네트워크를 건설하여 지역문화를 꽃피우게 될 것이다.

　올해 그는 다시 학생이 된다. 서강대 사회교육대학원에서 '평생교육'을 전공하려는 것이다. 너
무 욕심을 부리는 게 아니냐는 지적에, 그는 정색을 하고 대답했다.

　"80년대를 자산으로 지금껏 일을 해올 수 있었지만, 이제 새로운 세기에 맞는 사회교육의 전
형을 창출하고 미래를 준비하기 위해서는 좀더 탄탄한 이론적 토대가 필요합니다." ■끝

김기선 박선영 추모사업회 출판준비위원

게 시작한 한겨레문화센터가 올해로 6주년을 맞는다. 95년 3월 문을 연 한겨레문화센터는 6년 동안 눈부시게 발전했다. 그 외연만 더듬어 봐도 개관 당시 총 4명이었던 직원이 14명으로 늘어났고, 건물의 1개 층을 빌려 쓰던 것이 4개 층으로 늘어났으며, 그 동안 강의를 맡은 강사만 2천여 명, 수강색은 총 3만 명이 넘는다. 강병수 부장이 자랑하는 또 하나의 성과는 수강생들이 자발적으로 만든 50개 가량의 동호회, 올 3월에는 이들의 주도로 문화센터 6주년 기념 '아마추어가 만드는 문화 웹진'이 창간된다. 그러나 어찌 아쉬움이 없겠는가. 97년 12월부터 전국 문화네트워크의 실험무대가 됐던 군산지역 문화센터가 적자에 허덕이다 2년 만에 문을 닫았을 때, 그는 적잖이 실망했다. 도시가 작고 시장 자체가 너무 협소했던 탓이다. 다른 지역이라 해서 결과가 크게 다르진 않았을 것이다. 그렇다면 문화와 교육으로부터 소외된 지역의 요구를 수렴할 방도는 없는 것일까. 그는 이제 다른 카드를 준비하고 있다. 온라인과 오프라인의 결합을 통한 전국 문화네트워크의 건설. 서울의 강좌를 온라인으로 제작하여 지역 회원들에게 염가로 제공하고, 한 달에 한 번 강사와의 만남을 통해 온라인의 부족한 점을 해소하는 방식이 바로 그것이다. 그 시점이 되면 각 지역 시민단체와 힘을 합쳐 명실상부한 전국 문화네트워크를 건설하여 지역문화를 꽃피우게 될 것이다.

올해 그는 다시 학생이 된다. 서강대 사회교육대학원에서 '평생교육'을 전공하려는 것이다. 너무 욕심을 부리는 게 아니냐는 지적에, 그는 정색을 하고 대답했다.

"80년대를 자산으로 지금껏 일을 해올 수 있었지만, 이제 새로운 세기에 맞는 사회교육의 전형을 창출하고 미래를 준비하기 위해서는 좀 더 탄탄한 이론적 토대가 필요합니다."

글:김기선(박선영 추모사업회 출판준비위원)

〈월간 말, 2001년 3월호 98~99쪽〉

젊은 나이에 죽음을 눈앞에 맞닥뜨리고 절실한 심정으로 지나온 삶을 돌아보게 된 것은 제게 전화위복의 기회가 됐는지도 모릅니다. 감옥으로 부터의 사색보다 더 깊은 죽음으로부터의 사색을 경험했다고 할까요.

암을 이기고 치유하는 과정에서 생명의 가치, 생태주의, 평화운동에 새롭게 눈을 뜨게 됐습니다. 학생운동과 노동운동에 헌신하며 갖게 된 분노하는 마음, 미워하는 마음을 내려놓고 사람과 사회를 더욱 사랑하게 되었습니다. 민주화운동의 기본정신은 휴머니즘이고, 힘없고 약한 사람들도 인간적인 대우를 받는 따뜻한 공동체를 만드는 운동이라는 것을 다시 깨닫게 된 것입니다.

자연과 인간 앞에서 항상 겸손한 사람이 되자!

이런 좌우명을 갖게 된 것도 이 때입니다.

이후 생태평화환경운동을 인천 지역에서 꾸준히 실천해 왔습니다. 그 이전인 80년대 후반부터 인천공해추방운동연합 회원으로 활동했고, 1991~92년에는 1차 계양산살리기범시민운동본부 간사로 일했습니다.

2002년도부터 수도권생태유아공동체 생활협동조합의 이사장을 맡아 서울, 인천, 경기 지역 어린이집과 유치원 학부모, 교사, 원장들을 대상으로 생태교육과 친환경 급식운동을 협동조합 방식으로 진행했습니다. 이 운동이 2010년 지방선거에서 최대 이슈가 된 친환경 무상급식 운동의 밀알이 되었다고 감히 자부합니다.

2007년부터는 강화군 길상면 초지리에 있는 초지분교를 임대해 생태문화체험학교 초록마당을 개설했습니다. 이곳에서 기후변화 시대에 맞는 초록교육을 위해서 연구하고 함께 공부하고 있습니다.

소리 없이 찾아왔던 어두운 죽음의 그림자를 밀어내자 인간과 사회, 자연을 살리는 찬란한 생명의 빛이 제 앞에 놓였습니다.

4면이 회색과 흰색의 콘크리트 벽으로 둘러싸인 삭막한 제 방에도 푸른 싹이 하나 자라고 있습니다. 반찬을 하라고 준 양파 두 개를 통조림 깡통에 물을 넣고 그 위에 올려놓았더니 거기서 싹이 나와 벌써 15cm 정도나 자랐습니다. 향기나 아름다움은 없지만 자꾸만 커가는 것이 신기하고 재미있어 매일 같이 물을 갈아주고 얼마나 더 자랐는가 하고 하루에도 몇 번씩 쳐다보는 것이 하루 일과 중에서 뺄 수 없는 것이 되었습니다. 이곳에서의 봄은 이렇게 인위적으로 맞이하는 것이 아닌가 생각해봅니다.

- 감옥에서 맞은 1983년 봄, 어머니께 쓴 편지 중에서

# **민주주의** 복지국가를 향한
# **의정**활동


'직업으로서 정치'를 하는 사람들 중에는 어린 시절 장래 희망이 국회의
원이나 대통령 같은 정치인이 되는 것이었던 이들도 있을 것입니다.

저는 아니었습니다. 민주화운동에 참여했던 많은 선후배 동료들이 정치
인의 길을 갈 때도 제가 선거에 출마해 선출직 공직자가 될 거라고는 생각
하지 않았습니다.

한겨레에서 문화센터 간부로 일하는 데 만족했고, 평생교육 분야에서 역
할을 하고 있는 것에 보람을 느꼈습니다. 지역 사회에서 젊은 날의 꿈을 조
금씩 이루어가는 시민운동에 참여해 책임을 다했고, 개인적으로도 부족할
게 없는 삶이었습니다.


대학과 공장 노동자 시절 민주화운동을 통해 이루고자 했던 민주주의가
김대중, 노무현 두 번의 민주정부를 거치며 어느 정도 이 땅에 실현됐다고
믿었습니다.

그런데 이명박 정권이 들어선 후 민주화 시계가 다시 20~30년 전 독재시
대로 거꾸로 되돌아가는 것을 목격해야 했습니다. 흔히 모래시계 세대라
고 불리는 민주화운동 세대의 한 사람으로서 민주주의의 역류를 보고만
있어서는 안 된다고 생각했습니다. 이를 막기 위해 다시 무언가 역할을 해

야 한다는 큰 책임감을 느끼고 있었지만 선뜻 나설 수는 없었습니다.

그때 노무현 대통령께서 돌아가셨습니다. 정신이 번쩍 들었습니다. 국민의 사랑을 받던 전직 대통령을 그렇게 처참한 죽음으로 몰아넣는 정치 현실은 제가 꿈꾸고 이루고자 하는 민주주의 사회에서는 있을 수 없는 일입니다. 이때 정치를 해야겠다고 결심했습니다.

그렇다면 어떤 정치를 할 것인가?

제가 자라고 저를 키워준 인천에서, 그리고 함께 울고 웃으며 희망을 일궈온 주민들 속에서 풀뿌리 지방자치를 제대로 일구는 게 제가 해야 할 정치라고 생각했습니다. 어려운 서민들의 삶을 지키고, 복지를 늘리는 일에 앞장서기로 마음을 먹었습니다. 때마침 2010년 6월에 지방선거가 있으니 제 생활 터전인 인천 부평에서 인천시의원 선거에 출마하기로 결심했습니다.

그해 2월, 20년 넘게 다닌 한겨레신문사에 사직서를 제출했습니다. 주변 분들의 반응은 엇갈렸습니다. "평생 깨끗하게 살아왔는데 더러운 정치판에는 왜 가려고 하느냐"고 걱정하는 이들도 적지 않았습니다. 하지만 "때가 되었다"며 "당신 같은 사람이 정치를 해야 한다"고 격려해주는 분들이 더 많았습니다. 나이 50에 낯설고 어려운 도전에 나선 제게 주변의 격려와 응원이 큰 힘이 됐습니다.

저와 함께 지역에서 환경운동, 공동체운동 등 다양한 활동을 해온 가까운 분들 중에는 "선거에 나갈 거면 '무소속 시민후보'가 좋겠다"는 조언을 하는 경우도 있었습니다.

당시 인천은 전국에서도 가장 모범적인 야권연대가 이루어진 곳입니다. 제 지역구인 부평구 제3선거구(갈산1,2동, 청천2동)는 국민참여당이 책임 지기로 합의가 됐습니다. 저도 국민참여당에 입당해 선거에 나서기로 했습니다. 정당의 공천을 받으려면 오래 전부터 그 정당에 입당해 출마 자격을 갖추고, 당원들과 친분을 쌓아야 하는 게 대부분의 현실입니다. 그런데 마침 참여당에는 일정 기간 전에 입당한 당원이 아닌 사람도 공직후보가 될 수 있는 '시민후보공모제'라는 제도가 있었습니다. 저는 공모에 참여했고 후보자격심사를 통과했습니다.

그렇다고 바로 공천을 받은 게 아니었습니다. 다른 후보자와 경선을 해야 했습니다. 당원참여경선으로 후보를 확정하기로 했는데 고맙게도 입당한 지 불과 한 달밖에 되지 않은 저를 다수의 당원들이 선택해 주셨습니다.

당시 국민참여당 이재정 대표는 제가 후보로 확정됐다는 소식을 듣고 "국민참여당 당원들의 개방적이고 합리적이고 전략적인 선택에 저도 놀랐다"며 "강병수 후보를 꼭 당선시키겠다"고 격려해 주셨습니다.

이렇게 해서 저는 인천 지역 시민사회가 추천하고, 국민참여당이 공천하고, 당시 민주당과 민주노동당 등 야권 전체가 지지하는 야권단일후보로 인천시의원 선거에 나서게 됐던 것입니다.

제 개인만 놓고 보면 부족한 게 많았을 정치 신인 강병수를 부평구 유권자들께서 크게 지지해 주셨습니다. 그 덕분에 지금의 인천시의원 강병수가 될 수 있었습니다.

정치인은 국민의 지지와 사랑을 먹고 산다고 합니다. 저도 주민들의 성원과 지지로 공직자가 될 수 있었습니다. 인천시민들의 선택이 없었다면

인천시의원으로서 주민들을 대변하고, 시정을 감시하는 역할을 할 수는 없습니다. 이런 사실을 분명히 새기며 하루하루를 주민들 편에서 최선을 다하려고 노력하고 있습니다.

선거에 당선하는 것이 정치인의 목표가 되어서는 안 됩니다. 공직자가 된 후 무엇을 어떻게 할 것인가가 정말 중요합니다.

민주화운동과 생태평화환경운동, 지역공동체운동을 통해 이루고자 했던 민주주의 복지국가를 만들겠다는 꿈을 인천시의회 의정활동을 통해 한 발짝 한 발짝 실현해 가겠습니다.

**강병수 의원 활용법 1**

# '조례 1등 시의원'
## 제대로 써 먹기

지방의원이 하는 일 중 가장 중요한 것을 하나만 꼽으라면 '조례를 제정하는 것'을 들 수 있습니다. 어떤 사업을 조례로 규정하면 지자체는 이를 해마다 사업계획과 예산안에 반영해 계속 집행하게 됩니다. 이처럼 조례는 주민들의 삶에 지속적으로 상당한 영향을 미치게 되는 것입니다.

강병수 의원을 가장 잘 활용하는 방법 역시 그를 이용해 인천시민들에게 꼭 필요한 좋은 조례를 더 많이 제정하는 것입니다.

이미 강병수 의원은 인천시의원 중 가장 많은 조례안을 발의하고 제정한 조례 분야 '1등 시의원'입니다.

시민들에게 도움이 되는 좋은 구상이 있거나, 현재 시행되는 사업 중 제도를 통해 지속되게 할 필요가 있을 때 강병수 의원을 활용하세요. 불합리한 제도와 관행을 바로잡기 위한 제안도 좋습니다.

'뭐 이런 게 조례가 되겠어.' '너무 막연한데 이걸 갖고 조례를 만들 수 있을까?' 하며 미리 포기하지 마세요.

강병수 의원이 전문적인 지식과 풍부한 경험, 그리고 동료의원들과 다진 돈독한 신뢰를 바탕으로 여러분들의 '입법 욕구'를 충족시켜 드릴 것입니다.

 〈**강병수 의원 활용법**〉은 저자가 아니라 편집자가 독자들에게 드리는 일종의 팁입니다. 인천시민들이 강병수 의원을 더 많이, 더 잘 활용하기를 바라며 네 가지 사용법을 전해드립니다. – 편집자

# 2

## 의정활동, 지역활동 보고서

비판과 견제, 그 소임에 최선을 다하다

대안을 만들어온 의정활동

아파하는 노동자 · 시민들의 입이 되고 발이 되다

언론보도로 살펴보는 의정활동기
■ 지방의원으로서 자치입법 활동에 충실
■ 각계 전문가와 토론해 정책 대안 모색
■ 행감 통해 문화복지 분야 문제 지적, 대안 제시
■ 정치 현안에 진보적 목소리 대표

언론 기고를 통해 시민과 소통하다

사진으로 보는 의정활동

# 의정활동,
# 지역활동 보고서

# 비판과 견제,
## 그 소임에 최선을 다하다

지난 2010년 지방선거에 나서며 밝힌 〈출마의 변〉에서 저는 "한겨레에서 익힌 올곧은 정신으로 인천 시정 감시자가 되겠습니다." 이렇게 약속드렸습니다. 그리고 여러분의 선택으로 시의원에 당선된 후 지금까지 한 번도 이 다짐을 잊지 않고 있습니다.

2012년 4월 30일, 5분자유발언을 신청해 본회의장에서 인천시의 '감액 추경'을 강하게 비판했습니다. 인천시가 제출한 예산안을 시의회가 심사해 처리한 후 불과 4개월 만에 시가 다시 복지 예산 등을 대폭 축소하는 감액 추경을 추진했기 때문입니다.

이날 저는 "앞으로는 시 집행부를 믿지 않고 철저히 더 심의를 하겠다"고 말했습니다. 인천 시정의 감시자가 되겠다는 초심을 제 자신과 주변을 향해 다시 한 번 분명히 밝힌 것입니다.

저는 오늘 인천시민에게 불안감을 주는 집행부의 일방적인 예산삭감문제에 대해서 말씀드리겠습니다. 인천시 재정문제를 해결하고 6월 추가경정예산안을 위하여 경상경비 등을 감액하는 것을 기준으로 수립한 것으로 언론에 보도되었습니다.

4월 20일자 지역언론에 보면 경상비는 20%를 일괄 삭감하는 것으로 나와 있고 민간경상보조비, 사회단체보조금, 민간행정보조금, 민간위탁금 등 4,706억원의 10%를 삭감하겠다는 것입니다.

언론보도 뿐 아닙니다.

인천시 산하기관 도처에서 예산관련 전화문의를 본 의원뿐이 아니라 여러 의원님들께 수차례 했던 것으로 알고 있습니다.

특히 시민의 삶과 직결된 복지예산조차도 20% 감액을 추진하고 있다는 제보가 많습니다.

존경하는 선배, 동료 의원 여러분!

인천시의 재정이 어렵다면 예산삭감이 불가피하다고 본 의원도 생각합니다.

그러나 연일 계속되는 언론의 재정위기보도와 예산삭감 기준마련 등 일련의 시 집행부의 움직임은 공무원뿐만 아니라 시민 모두를 불안하게 하고 있습니다.

지역에서 만나는 시민들은 인천시 재정위기 그 대책이 무엇이냐고 묻습니다.

이런 상황에서 인천시가 유지될 수 있냐고 따져 묻습니다. 그리고 불안해합니다.

사회복지기관에서 종사하는 분들은 어떻게 복지예산까지 손댈 수 있냐고 분개하고 있습니다.

인천시민만이 아닙니다.

전국으로 만나는 모든 국민들이 인천시 재정을 걱정해 주지만 사실 그 마음은 감사하지만 시의원의 한 사람으로서 정말 부끄럽기 짝이 없습니다.

인천시의회에서 2012년 예산을 심사해서 통과시켜 준지 불과 4개월밖에 되지 않았습니다.

지금이 2008년 같은 세계적 경제위기가 온 것도 아닙니다.

올해의 세수부족은 충분히 예측가능하지 않았습니까. 부동산 경기가 하루아침에 살지 않는다는 것도 이미 예측가능 했던 것 아닙니까.

예산결산특별위원회에서 우리 인천시 기획실장님께서는 올해 세입은 충분히 가능하다고 분명히 말한 적이 있습니다.

시 집행부를 믿고 2012년 예산안을 통과시켜준 시의원의 한 사람으로서 그리고 예산결산위원회 위원으로서 정말 부끄럽습니다.

285만 인천시민에게 사죄드리겠습니다.

앞으로는 본 의원은 시 집행부를 믿지 않고 철저히 더 심의를 하겠습니다.

2012년 본 예산을 수립할 때 예측되는 세입을 근거로 충분히 감액된 절감예산을 그때 이미 수립했어야 되는 것 아닙니까.

인천시민을 위해서 일하는 인천시 고위공무원 수준이 이것밖에 안 됩니까?

불과 4개월만에 다시 짜야 된단 말입니까?

어차피 어려운 재정상황이라면 처음부터 어려움을 각오하고 현실가능한 예산을 편성해서 공직자와 시민 모두가 합심해서 어려움을 뚫고 나갈 수 있도록 이끌었어야죠.

불과 4개월 만에 다시 짜면서 인천시민과 공직자 모두를 불안에 떨게 하는 것이 과연 시장님 철학입니까?

물론 감사원으로부터 분식회계와 관련해서 8,000억이 넘는 예산에 대한 대책수립을 요구받은 것으로 알고 있습니다.

그러나 이러한 분식회계와 관련된 8,000억원의 예산은 물론 전임정부의 책임이지만 이런 식의 경상경비와 민간보조금 또는 공무원들의 연가보상금이나 특별수당 등을 줄여서 만들 수 있는 규모가 이미 아니지 않습니까.

기호일보

2012년 05월 01일
02면 (종합)

# '넉달만에 감액추경' 인천시 질타

## 강병수 의원 "예산수립 문제… 재정난 근본대안 못돼"

강병수 인천시의원이 예산편성 4개월 만에 감액추경을 계획하는 인천시에 쓴소리를 했다.

강 의원은 30일 제200회 인천시의회 임시회 제2차 본회의 5분 자유발언을 통해 시가 현실성 있는 예산편성을 하지 못했다고 비판의 날을 세웠다.

강 의원은 "추경이란 예측불가능한 재정수요 또는 갑작스런 국가정책 변화에 따라 이뤄져야 하나 시는 올해 세수부족분을 메우기 위해 감액추경을 하고 있다"며 "어려운 재정 상황은 이해하나 4개월에 경상경비 20%와 민간보조금 10%를 삭감하는 것은 기본예산 수립이 잘못돼 일어난 일"이라고 시를 질타했다.

또 "시의 재정이 어렵다면 예산 삭감이 불가피하지만 285만 명의 시민을 위해 일하는 시청 공무원 수준이 이것밖에 되지 않느냐"며 실망감을 나타내기도 했다.

이어 강 의원은 시의 재정난 극복을 위해 보다 근본적인 대안이 필요하다고 주장했다. 특히 지난 1월 감사원으로부터 분식회계와 관련해 8천억 원이 넘는 예산대책 수립은 경상경비, 민간보조금 삭감으로 해결할 수 없다는 생각에서다.

그는 "시는 중앙정부와 협상해 별도의 지방채를 발행하거나 인천도시철도 2호선 조기 개통 방침을 철회해 보다 근본적이고 규모 있는 대안을 만들어야 한다"며 "예산 감축은 비록 회기 중이 아니어도 시의회 의원들과 충분한 논의를 거쳐 결정해야 할 것"이라고 발언했다.

한편, 시는 이번 감액추경 계획에 대해 반드시 필요한 세출을 줄이는 것인 만큼 쉽지 않은 결정이었음을 밝혔다.

시 관계자는 "본예산을 세울 때만 해도 당시 시의 세수는 낙관적이었다"며 "시 역시도 이번 감액추경은 힘든 선택이었다"고 말했다.

최미경 기자 mkc@kihoilbo.co.kr

(15.4×10.3)cm

8,000억이 넘는 분식회계 비용은 도시철도 2호선 조기개통방침을 철회한다는 등 근본적인 대책을 수립해서 만들어야 하고 지금 예산을 삭감하는 것은 우리 시민의 삶과 직결되기 때문에 사전에 의회와 논의해야 되는 것 아닙니까?

이미 인천시의회에서는 작년에 인천시 재정건전화특별위원회를 통하여 근본적인 문제를 제기하고 집행부에게 여러 가지 사항을 요청한 바가 있습니다.

그러나 지금까지 저희가 요청한 내용에 대해서 아무런 답이 없습니다.

2012년 예산을 편성하여 불과 4개월 전에 인천시의회를 통과하였는데 인천시의회와 충분한 논의도 없이 예산을 감축하고자 하고 언론에 보도되는 것은 인천시의회와 285만 인천시민을 경시하는 일입니다.

지금이라도 늦지 않았습니다.

시장님을 비롯한 집행부는 최근 일어나고 있는 예산감축의 필요성과 방향에 대하여 있는 그대로 충분하고 납득할 만큼 설명해 주십시오.

어차피 우리가 한번 감내해야 될 어려움이라면 작년 12월에 만들어 놓은 예산을 4개월 만에 다시 짜는 이런 불행한 일이 없이 우리가 감내할 수 있는 수준까지 정확하게 밝혀서 함께 이 위기를 돌파해 나가기를 간절히 호소합니다.

경청해 주셔서 감사합니다.

- 2012년 4월 30일, 인천시의회 본회의 5분자유발언

인천시가 졸속으로 추진한 '학교급식지원센터' 설치에 대해서도 적극적으로 문제를 제기했습니다.

2012년 6월 12일에 열린 인천시의회 본회의에서 5분자유발언을 통해 "인천시가 학교급식 지원사업을 제대로 할 의지도 없이 시민을 기만하고 있다"고 지적했습니다.

관내 480개 학교에 안전하고 질 좋은 급식을 공급하기 위해 설치하는 지원센터에 직원을 형식적으로 두 명만 배치해 사업 추진 의지를 의심하게 한 것입니다.

### 인천 강병수, 학교급식지원센터 대책 마련 촉구

'자리만들기라는 비난을 받았던 학교급식지원센터의 진정성 문제가 도마 위에 올랐다.

12일 인천시의회 제202회 정례회 1차 본회의 5분 자유 발언을 통해 강병수 의원은 "인천시 480개 학교에 안전하고 양질의 급식을 공급하기 위해 설치하게 된 '학교급식

지원센터'가 집행부의 졸속 대책으로 추진되고 있다"고 지적했다.

이어 "급식지원센터에 대한 집행부의 설치안을 보면 형식적으로 두 명을 배치해 급식지원센터라고 명명하고 있으며 또한 내년 3월에야 5급 사무관을 센터장으로 6급 1명, 7급 3명을 배치하는 것으로 돼 있다"면서 "이는 시의회와 인천시민을 기만하는 행위"라고 밝혔다.

급식지원센터는 오는 7월1일부터 시행되는 '인천시 친환경무상급식지원 조례'에 따라 친환경무상급식 정책과 교육을 지원하며 급식에 사용되는 안전하고 신선한 식재료를 효율적으로 생산·공급·지원하기 위한 민관협력운영체계다.

이러한 친환경무상급식은 송영길 인천시장을 비롯해 10개 군·구 구청장의 공약사

항으로 시는 올해 초등학교 학생을 대상으로 시비 172억원을 포함해 교육청 및 군·
구비 등 총 572억원을 확보했다.

또 내년에는 중학교까지 국가예산을 확보할 계획이다.

이에 따라 강 의원은 오는 18일 종료를 앞두고 있는 친환경무상급식특별위원회의 종
료 이전까지 시가 근본적 대책을 수립해 줄 것을 촉구했다.

만약 종료 전까지 시가 근본적인 대책을 수립하지 않을 경우 특별위원회 활동기간을
연장하겠다고 밝혔다.

〈중부일보, 2012.6.13.〉

# **대안**을 만들어온
# **의정**활동

무언가에 대해 비판할 때는 대안도 함께 제시해야 합니다. 대안 없는 비판은 힘을 가질 수 없고, 이런 의정활동으로는 집행부를 제대로 견제할 수도 없습니다.

대안을 제시하기 위해서는 개방적인 태도와 창의적인 사고가 필요합니다. 무엇보다 끊임없이 연구하고 토론해야 합니다. 관료 조직에 새로운 자극을 주고, 시민들에게는 구체적인 실행 계획을 통해 변화와 혁신에 대한 믿음을 심어줄 때 대안은 힘을 얻습니다.

2011년 7월에 제정된 '인천광역시 주민참여 예산제 운용 조례'는 행안부 표준안을 따라 지극히 형식적으로 제정됐습니다.

그동안 인천광역시 여러 구에서 다른 지역보다 모범적으로 진행해온 주민참여예산학교와 주민참여예산토론회 등은 이 조례와 전혀 연계되지 못했습니다.

그래서 본회의 시정질의를 통해 이 같은 문제점을 지적하고 송영길 인천시장에게 "내년도 특별교부금과 시책추진보전금을 140여개 모든 행정동에서 동별로 5천만 원 미만 범위에서 주민참여예산 제도를 활용하여 주민 스스로 예산을 편성하고 군구가 집행할 수 있는 사례를 만들어 보라"고 제안했습니다.

주민참여예산제도 운용에 관한 제안 사항입니다.

2005년도부터 시작된 주민참여예산제도가 그동안 시행할 수 있다는 임의규정에서 2011년 3월8일 지방재정법 제39조가 개정되어 지방예산편성과정에서 주민이 참여할 수 있는 절차를 마련하여 시행하여야 한다고 강행규정으로 전환되었습니다. 따라서 우리 시와 시의회에서도 올해 7월 25일 "인천광역시 주민참여 예산제 운영 조례"를 제정 공포한 바 있습니다.

인천광역시의 경우 참여예산학교를 2006년 민간으로부터 시작하여 2009년부터 민관협력으로 운영하는 좋은 사례를 가지고 있습니다. 그리고 주민참여예산토론회를 99년도부터는 "예산편성을 위한 예산정책 시민대토론회"를 각 국별로 진행하여 오다가 진행하여 오다가 2007년부터 민관공동으로 진행하여 왔고, 2011년부터 직능단체까지 공동주관단체로 확대하여 모범적으로 운영하고 있었습니다.

그러나 2011년 7월 25일에 제정된 "인천광역시 주민참여 예산제 운용 조례"는 행안부 표준안을 따라 지극히 형식적으로 제정되었습니다. 그동안 인천광역시에서 타 광역시도보다 모범적으로 진행해온 주민참여예산학교와 주민참여예산토론회 등의 내용이 조례에는 전혀 연계되어 있지 않습니다. 단지 30명 이내로 주민참여예산위원회를 설치할 것을 규정하고 있는 수준입니다. 10개 군구로 구성되어 있어 280만 인천광역시 시민이 살아 움직이는 인천광역시가 불과 30명 이내의 주민참여예산위원회로 주민의 의견을 실제로 반영할 수 있겠습니까? 이는 정말 법 개정에 따른 어쩔 수 없이 형식적으로 제정된 조례라 보이고 본 의원도 그 조례에 이의를 제기하지 않고 동의하여 통과시킨 의원의 한사람으로 깊은 책임을 통감합니다. 송영길 시장님께서 워낙 바쁘셔서 미쳐 눈여겨보지 못하시고 지나간 조례라 여겨집니다. 소통의 소중함을 강조하시는 송영길 시장님! 예산 편성에서부터 주민들과 소통할 수 있는 주민참여예산제도가 실질적으로 운영될 수 있도록 그동안의 모범적 성과를 이어 받고 제도적 장치를 보완하실 의향이 있으신가요?

오히려 연수구 남구 부평구 등 기초자치단체의 조례에서는 주민참여예산을 실질적으로 이루어 낼 수 있도록 실질적 운용을 하고 있습니다. 각 동별로 30명 정도의 참여예산지역위원회를 구성하고, 구 단위로는 각 동의 대표 등으로 구성된 100명 규모의 주민참여주민위원회, 구청장과 부구청과 그리고 7개 주요 국장 주민위원회 대표 7명 등 총 16명으로 참여예산민관협의회 구성하여 예산편성의 최종 결정을 민과 관이 공동으로 결정하는 단계로 설정하여 운용하고 있습니다. 또한 10명 이내의 주민참여예산연구회와 예산학교를 상시적으로 운영하여 주민참여예산제도가 형식에 흐르지 않고 명실상부하게 운용될 수 있도록 규정하고 있고 실제 그렇게 운용하고 있습니다. 연수구에서는 올해 180억 원 규모의 예산을 주민총회 등의 형식을 통하여 내년도 예산 편성에 반영한 모범적 성과가 있다고 들었습니다.

광역시도에서 주민참여예산제도의 모범적 사례는 아직 국내에서도 별로 없을 뿐 아니라 세계의 유수 도시에서도 찾기 쉽지 않다는 것이 학계의 중론입니다. 오히려 자치구 또는 자치시가 주민참여예산제도를 효과적으로 운영할 수 있는 단위일 뿐 아니라 우수하고 벤치마킹할 만한 사례 또한 기초자치단체에 많다고 합니다.

존경하는 송영길 시장님! 기초자치단체의 주민참여예산제도를 활성화시키고 인천시민의 주인의식 고취를 위해 과감한 제안을 한 가지 드리고자 합니다. 인천광역시에는 10개 군구에 약 140여개 행정동이 있습니다. 그리고 내년도 세출 예산에는 자치구재원조정 특별교부금 352억 원과 군 시책추진보전금 18억 원 등 총 370억 원이 편성되어 있습니다. 내년도 특별교부금과 시책추진보전금을 동별로 5천만 원 미만에서 주민참여예산 제도를 활용하여 주민 스스로 예산을 편성하고 군구가 집행할 수 있는 사례를 만들어 보실 것을 제안합니다. 140여개 행정동 모두가 주민참여예산제도를 도입하고 이에 준하는 조직이 꾸려져 있어 전액 지원한다면 최대 약 70억 원이 소요되

※ 자치현장 ※

**강병수**
인천시의원

## 주민참여예산제 활성화 방안

2005년도부터 시작된 주민참여예산제도가 임의규정에서 올해 지방재정법이 개정돼 "지방예산편성과정에서 주민이 참여할 수 있는 절차를 마련하여 시행하여야 한다"고 강행규정으로 전환되었다. 인천시도 올해 7월 '인천시 주민참여 예산제 운영조례'를 제정 공포했다.

인천의 경우 참여예산학교를 2006년 민간으로부터 시작하여 2009년부터는 민관협력으로 운영하고 있다. 또 주민참여예산토론회는 1999년부터 각 국별로 진행했고 2007년부터 민관공동으로 진행해 왔다. 그러나 규정하고 있을 뿐이다. 10개 군구와 285만 시민이 살고 있는 인천에서 불과 30명 이내의 위원회로 주민의 의견을 실제로 수렴할 수 있을까.

오히려 연수구, 남구, 부평구 등 기초자치단체 조례는 훨씬 실용적이고 알차다. 각 동별로 30명 정도의 참여예산지역위원회를 구성, 구 단위로는 각 동의 대표 등으로 100명 규모의 주민참여예산위원회, 구청장 부구청장 7개 주요 국장 주민위원회 대표 7명 등 총 16명으로 참여예산민관협의회를 구성하여 예산편성의 최종 결정을 민과 관이 공동으로 하는

것으로 설정하여 운용하고 있다. 또한 주민참여예산연구회와 예산학교를 상시적으로 운영하도록 했다. 연수구에서는 올해 184억 원 규모의 예산을 주민총회 등의 형식을 통해 내년도 예산 편성에 반영한 모범적 성과가 있다.

사실 주민참여예산제도를 광역시 도 단위에서 제대로 하기엔 쉽지 않다. 국내외에서도 광역단위 행정구역에서 모범적 사례는 별로 없는 편이다. 당분간 기초자치체의 주민참여예산제를 적극 지원하면서 그 방도를 찾아야 할 듯싶다.

필자는 지난 12월19일 시정 질의를 통하여 인천시장에게 기초자치체의 주민참여예산제 지원 제안을 다음과 같이 했다. "인천에는 10개 군구에 약 140여개 행정동이 있고, 내년도 세출예산에는 자치구 재원조정 특별보급금 352여 원과 군 시책추진보전금 18여억 원 등 총 370여 원이 편

성되어 있습니다. 내년도 특별교부금과 시책추진보전금 중 일부를 동별로 5천만원 미만에서 주민참여예산 제도를 활용하여 주민 스스로 예산을 편성하고, 군구가 집행할 수 있는 사례를 만들어 보실 것을 제안합니다."

"뿐더러 140여개 행정동이 모두 참여한다면 최대 약 70억 원이 소요되리라 예측되지만 실제 주민참여예산제도의 정착성을 볼 때 실제로는 50억 원 미만의 예산이 소요되리라 생각합니다. 인천시의 자치구 재원조정에 관한 조례를 검토한 바 시장님의 의지에 따라서 시행할 수 있는 근거가 있으며 실제로 어떠한 경로를 통하던지 결국 군구에 지원하는 예산이어서 시장님의 결심 여부에 따라서 가능할 것으로 보입니다."

구도심 지역 주민들의 소외감이 큰 상황에서 지역에 필요한 예산을 스스로 편성하여 군구와 최종 의논하여 결정 후 사용된다면 주인의식 고취 및 주민참여예산제도의 조기 도입에 큰 효과가 있으리라 생각된다. 인천의 주인, 시민들은 어떻게 생각하실까.

그동안 모범적으로 진행해온 주민참여예산학교와 주민참여예산토론회 등의 내용도 조례에는 전혀 반영되지 않았다. 단지 30명 이내로 주민참여예산위원회를 설치할 것을 올해 제정된 조례는 행안부 표준안을 따라 지극히 형식적으로 제정됐다.

---

리라 예측되지만 실제 주민참여예산제도가 실질적으로 운영되지 않은 자치구나 군을 감안한다면 실제로는 50억 원 미만의 예산이 소요되리라 생각합니다. 인천광역시의 자치구 재원조정에 관한 조례와 군의 재정보전에 관한 조례를 검토한바 시장님의 의지에 따라서 시행 할수 근거가 있으며 실제로 어떠한 경로를 통하던지 결국 군구에 지원하는 예산이어서 시장님의 결심 여부에 따라서 가능한 것으로 보입니다.

무엇보다도 구도심 지역 주민들의 소외감과 자괴감이 큰 상황에서 지역에 필요한 예산을 스스로 편성해서 군구와 최종 의논하여 결정 후 사용된다면 주민들의 주인의식 고취 및 주민참여예산제도의 조기 도입에 큰 효과가 있으리라 생각됩니다.

- 2011년 12월 19일, 인천시의회 본회의 시정질의

# 아파하는 **노동자 · 시민**들의 **입**이 되고 **발**이 되다

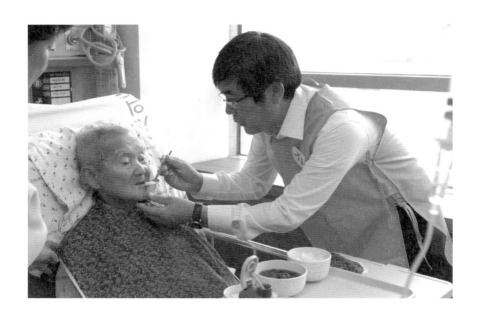

제게 정치인이 존재해야 하는 이유를 하나만 꼽으라면 "자기 목소리를 제대로 내지 못하는 약자와 소외된 사람들을 대변하기 위해서"라고 말씀 드리겠습니다.

인천시 곳곳에는 오늘도 억울함을 호소하고, 부당함에 저항하며 싸우는 이들이 있습니다. 하지만 우리 사회에서 이들의 목소리는 원인 제공자와 정부 당국에 제대로 전달되지 못하는 경우가 많습니다. 정치권과 언론이 그 역할을 해야 하지만 현실은 그렇지 못합니다. 정의롭고 공정해야 할 언론이 그렇지 못하고, 국민 편에서야 할 정치권이 불의의 편에 서서 진실을 외면하는 경우를 어렵지 않게 볼 수 있습니다.

그래서 더욱 약자의 억울함을 대변하기 위해 그들이 입이 되고 발이 되어 주는 한 명의 정치인이 소중한 것입니다. 사업주와 인천시, 교육청 등을 상대로 오랫동안 힘겨운 싸움을 지속해온 사람들. 시의원에게 부여된 정당한 권한을 행사해 이들의 아픔을 공론의 장으로 끌어 올리고, 사태를 해결하기 위해 노력하고 있습니다.

살을 애는 영하의 날씨에 부평구 청천동 지엠대우 부평공장 정문 아치 위에서 비정규직 노조원 2명이 22일째 생명을 건 시위를 하고 있습니다. 또한 지엠대우 비정규직 노조원들과 전국금속노조 인천지부와 인천지역 노동운동 관계자들이 정문 앞에서 천막도 치지 못한 채 추위에 떨며 함께 농성을 하고 있습니다. 존경하는 송영길 시장님도 지난 12월 16일 대우자동차 농성 현장을 방문하시고 또 아카몬 지엠 대우자동차 사장을 만나서 중재 협상을 하신 것으로 압니다. 하지만 아직 협상을 위한 대화가 이루어지지 않고 있으며 성과도 없습니다. ……

비정규직 노조원들이 3년이 넘는 노숙 투쟁 끝에 이들이 또 다시 고공농성에 나선 이유는 지난 7월 대법원이 현대자동차 사내하청 노동자 2명에 대해 불법 파견 판정을 내리고 정규직으로 봐야한다는 취지의 판결을 내렸기 때문입니다. 비슷한 생산 라인을 갖추고 있는 GM대우 비정규직 노동자들도 정규직과 동일한 일을 한만큼 같은 논리로 사측이 교섭에 나와야 한다는 것입니다. 이미 언론에 나온대로 같은 문제로 투쟁하던 현대자동차의 비정규직 파업은 대화를 통하여 문제를 해결하고 있습니다. ……

존경하는 송영길 시장님. 누구보다도 노동자들의 고통을 잘 알고 있는 시장님. 지금 대우자동차 정문 아치 위에 올라서서 고공노성을 하고 있는 비정규직 노동자들은 노동자이기에 앞서 인천의 시민이고 한 가정의 가장입니다. 시민의 안전과 행복을 추구해야하는 사명을 띠고 있는 인천시장께서 지엠대우 비정규직 문제 해결을 위해 보다 더 적극적으로 나서야한다고 생각하는데 어떤 해결책을 가지고 있으신가요? 기업의 사회적 책임과 지역 사회와의 상생협력이 강조되는 지금 동상이 걸려서도 농성을 하고 있는 노동자들을 철저히 외면하고 인천시와 지역사회 대책위원회의 중재 노력도 완전히 무시하는 지엠대우자동차에 대하여 어떤 대책을 가지고 있으신가요. 만약 대화를 통한 원만한 해결이 이루어지지 않고 투쟁이 장기화된다면 그동안 지엠대우에게 제공한 무상 부지 회수 등을 통한 압박을 가해야 한다고 생각하는데 시장님 생각은 어떠신지요.

- 2010년 12월 21일, 인천시의회 본회의 시정질의 중에서

전국에서 어진 사람이 모여 산다는 인천광역시 그중에서도 제 지역구이기도 한 부평구 청천동 GM대우자동차에서 무정하고 비정한 일이 무려 52일째 계속되고 있습니다.

살을 에는 추위 속에 GM대우 비정규직 노조원 두 명이 정문 아치 위에 올라서 아무런 방한장비 없이 정규직으로의 복직도 아닌 하청업체로의 복직을 요구하며 싸우고 있지만 오늘 아침에도 제가 지나왔지만 해결이 되지 않고 있으며 비정규직 노조위원장은 오늘 33일째 단식농성을 하고 있는 이 비정한 현실이 인천광역시에서 여전히 계

속되고 있습니다.

세계적인 초국적기업 GM대우에 불과 비정규직 15명의 문제가 인천시에서 해결되지 않고 있는 것은 어찌 보면 한국의 현실을 그대로 보여주고 있습니다. 매년 5%의 기업성 국가경제의 성장으로 인해 한국의 대기업은 사내이익이 급증하고 유보가 많아지고 있지만 800만 명의 정규직과 수백만 명에 이르는 우리 실업자들은 하루하루의 생계를 걱정하고 고용을 불안해하는 이 현실 속에 살고 있습니다. 지금 GM대우자동차 아치 위에 올라가 있는 우리 비정규직의 농성은 논리를 떠나 삶의 현실이기에 조속히 해결이 되어야 된다고 생각합니다.

존경하는 의원 여러분, 본 의원은 지난 12월 송영길 시장님에 대한 시정질의를 통하여 인천시가 GM대우를 위하여 어떠한 지원을 하였는지를 밝힌 바가 있습니다. 그 당시에 청라지구 서구 원창동 401번지 GM대우기술연구소 부지 14만평의 가치를 저는 549억 원으로 보고 받았습니다마는 새로운 사실이 밝혀졌습니다. 우리 윤석윤 부시장님이 사인을 한 2007년 12월 말 도시개발공사에 출자하기 위해서 감정 평가한 금액은 무려 7,500억에 해당하는 금액입니다. 14만평에 7,500억이면 평당 약 530만원입니다. 청라지구가 충분한 그런 가치가 있는 정당한 평가였다고 생각합니다. 3년 지난 지금 약 1조원에 해당하는 인천시 부채의 10분의 1에 해당하는 1조원에 해당하는 토지를 30년 아니 그 뒤에 필요하다면 20년을 더 주기로 해서 무려 50년 동안 무상제공이 아닌 홍콩처럼 조차한 그러한 엄청난 지원을 인천시는 GM대우에 하였음에도 불구하고 280만의 대표 송영길 시장께서 아카몬 사장을 만나서 비정규직 문제를 해결하고자 했지만 52일째 해결되고 있지 않습니다. 또한 1조원에 해당하는 그 토지를 제공했지만 GM대우 청라기술연구소에서는 지금 약 530명의 인원이 일을 하고 있을 뿐입니다. 2005년 6월 14일 인천시와 GM대우 간에 체결한 GM대우 청라기술연구소 건립을 위한 기본계약에 보면 이곳에서는 주행시험장과 연구개발시설을 하기로 약정되어 있습니다. 그러나 현재 주행시험장 16개 트랙은 정상적으로 운영되고 있지만 주요한 연구개발 소위 말해서. (마이크 중단 이후 계속 발언)

R&D시설은 여전히 부평공장 안에 있을 뿐입니다. 1조원에 해당하는 막대한 자금을 투여해서 인천시가 제공한 이곳에 주행시험장을 위해서 제공한 것이 아닙니다. 지식 경제부가 선정한 미래신성장동력 13개 산업 중에 R&D산업이 있습니다. 포스코건설 의 R&D센터가 송도에 들어왔습니다. 대표적인 자동차산업의 R&D센터가 청라에 들 어와야 함에도 불구하고 GM대우는 여전히 투자를 소극적으로 하고 있으며 계약의 일부만 수행하고 있을 뿐입니다.

우리는 이 엄연한 사실에 대해서 우리 산업위원회에서 보다 면밀한 검토와 인천시가 계약이행여부를 따져야 합니다. 부가가치가 없는 주행시험장으로만 운영하는 이 청 라기술연구소에 대해서 저는 계약서를 면밀히 검토한 결과 상당부분 계약을 위반하 고 있다는 사실을 발견하였습니다.

계약을 해지할 수 있으면 1조원에 해당되는 이 부지를 해약하고 인천시 재정위기의 10분의 1에 해당하는 이 토지를 새로운 용도로 활용하거나 매각하는 방안을 우리 집 행부에서는 적극 검토해 주시기 바랍니다. ······

- 2011년 1월 21일, 인천시의회 본회의 5분자유발언 중에서

이처럼 고통을 겪고 있는 시민들의 목소리를 대변하기 위해 시의원의 권 한인 시정질의와 5분발언을 적극 활용했습니다. 또 필요할 때는 정부당국 과 관련 당사자에게 문제 해결을 촉구하는 결의안을 발의하고 동료의원들 을 설득해 채택했습니다.

'콜트악기 정리해고 노동자 긴급 권리구제와 문제 해결을 위한 결의안'이 이와 같은 경우입니다.

정리해고의 칼바람이 우리 사회 곳곳에서 노동자들을 생존의 벼랑 끝으로 내몰고 있습니다. 인천지역에서는 2007년 대규모 정리해고를 벌인 ㈜콜트악기가 2012년 2월 대법원의 부당해고 판결에도 불구하고 같은 해 5월 노동자에게 2차 해고통지서를 발송하는 등 노동자의 절박한 요구를 외면해 문제를 악화시켰습니다.

**인천일보**  2012년 09월 12일 02면 (종합)

## "콜트악기 노동자 복직·해결을"

### 시의회 산업위 14일 결의안 채택 논의

인천시의회가 지난 2007년 ㈜콜트악기로부터 부당해고된 노동자의 복직과 평화적 해결을 요구하는 결의안 채택을 논의한다.

강병수(통·부평구 3) 인천시의원은 '콜트악기 노동자 긴급 권리구제와 문제 해결을 위한 결의안'을 11일 발의했다.

강 의원은 결의안을 통해 "사회 전체로 퍼진 정리해고의 폐해가 노동자를 생존의 벼랑 끝으로 내몰고 있다"며 "지난 2007년 대규모 정리해고를 벌인 ㈜콜트악기는 지난 2월 대법원의 부당해고 판결에도 불구하고 지난 5월 노동자에게 2차 해고통지서를 발송하는 등 노동자의 절박한 요구를 외면하고 있다"고 밝혔다.

강 의원은 또 "지난 6월에는 농성 중인 노동자들을 대상으로 용역을 동원한 강제철거를 시도하는 등 폭력사태까지 일어났다"며 "더 이상 어떠한 폭력사태로 불행한 일이 발생하지 않도록 지역사회가 평화적인 해결방안을 모색해야 한다"

고 덧붙였다.

강 의원은 ▲콜트악기 및 부평공장 부지매입자의 평화적 문제해결을 위한 협조 ▲부평공장 석면재조사 및 건물철거 중단 ▲부평공장 가스충전소 허가 보류 및 의혹 재조사 ▲대법원 판결에 따른 중부지방고용노동청의 행정조치 및 국회·정치권의 해결 노력 ▲인천시의 해결 노력 등을 촉구했다.

이 같은 결의안은 오는 14일 시의회 산업위원회 안건으로 상정된다.

한편 ㈜콜트악기는 지난 2007년 경영악화를 이유로 노동자 500여명을 정리해고했다.

이에 회사와 노동조합이 지난 5년간 법률공방을 벌인 끝에 지난 2월 대법원은 노동자의 손을 들어줬다.

㈜콜트악기는 지난 5월 대법원의 판결에도 불구하고 부평공장 폐쇄 및 부지 매각을 이유로 다시금 해고 통지서를 발송하는 상황이다.

/박진영기자 erhist@itimes.co.kr

(10.1·15.1)cm

이런 조치에 항의하며 농성 중이던 노동자들을 향해 회사측은 용역을 동원해 농성장 강제철거를 시도하는 등 폭력사태까지 일어났습니다.

사태가 더 이상 악화되는 것을 막고 조속한 해결을 위해 △㈜콜트악기 및 부평공장 부지매입자의 평화적 문제해결을 위한 협조 △대법원 판결에 따른 중부지방고용노동청의 행정조치 △국회와 인천시의 해결 노력 촉구 등을 담은 결의안의 발의했습니다.

비정상적인 처지에서 온갖 차별과 부당한 대우를 받고 있는 학교 비정규직 직원들의 문제에 대해 나근형 교육감을 상대로 처우개선을 촉구하고 대안을 제시했습니다.

또 불법 감차로 시민 불편을 일으키고 심지어 운송 노동자들을 탄압하는 수단으로까지 악용하는 삼화고속 사태에 대해서도 시와 운송회사에 문제 해결을 촉구했습니다. 특히 이에 대해서는 시정질의를 통해 송영길 시장에게 노동자와 시민이 참여하는 노동자 중심 협동조합 방식의 광역버스 운송회사를 만들어 공영적으로 운영하는 근본적인 해법을 제안하기도 했습니다.

제가 질의하고자 하는 것은 인천시교육청 산하 480개 학교에 산재한 학교회계직 직원 소위 학교비정규직 직원의 처우 개선에 관한 것입니다.

인천광역시 초중고등학교 480개교에 33개 직종의 약 7천여 명의 비정규직이 일하고 있습니다.

학교 교육을 수행하고 학교를 운영하는 과정에서 필요한 인력을 정상적으로 채용하지 않고 야금야금 조금씩 비정상적인 방법으로 채용하는 과정에서 직종이 33개로 늘어났고 인력도 7천 명으로 늘어난 것입니다. ……

존경하는 나근형 교육감님

공교육의 궁극적인 목적은 무엇입니까. 자아와 공동체를 존중하는 민주시민으로 양성이 그 목적이라 생각합니다. 즉 스스로의 삶을 경쟁사회에서 자립적으로 살 수 있는 능력을 길러 주고 대한민국이라는 공동체 안에서 모든 구성원을 존중하고 더불어 함께 살아가는 정신과 힘을 배양하는데 있다고 생각합니다.

민주시민을 양성하는 목적을 가지고 운영되는 학교에서 비민주적이고 비인간적인 차별적 인식과 대우를 받는 비정규직 직원들이 일하고 있습니다. 사람의 인격을 존중하고 민주주의 배워야 할 아이들이 학교현장에서 비민주적 비인격적 처우를 받는 분들을 매일매일 만나면서 자라고 있습니다. 우리 아이들이 비정규직 직원들의 차별적

대우를 보면서 과연 무엇을 배우겠습니까. 열심히 공부하여 훌륭한 사람이 되어 부강한 나라를 만들어서 비정규직이 없는 사회를 만들어야겠다라고 생각할까요. 아니면 나만이라도 공부 잘해서 일류대학 진학하여 저런 사람이 되지 말고 정규직이 되어야겠다라고 생각할까요. 세상은 원래 저렇게 차별적으로 대우 받는 것이구나 나는 수단과 방법을 가리지 말고 출세해야겠구나 아니면 저런 대우를 받는 사람이 되겠지 생각할까요. 도대체 우리 아이들이 무엇을 보고 배우게 하려고 지난 10년간 인천시교육청이 저들에 근본적인 대안을 수립하지 않고 방치하셨습니까.

대학 진학하여 임용고시와 공무원 시험에 통과한 사람만이 사람다운 대우를 받고 행세할 수 있으니 공부가 최고이고 성적이 인생의 모든 것을 결정한다는 것을 몸소 가르치시려고 그렇게 방치하셨습니까.

문제는 아무도 책임지지 않는다는 것입니다. 계약의 주체인 교장선생님들은 제도가 그렇게 만들어져서 할 수 없이 계약하여 학교를 운영할 수밖에 없다고 말씀하십니다. 교육청의 고위 간부들 역시 심적으로 동조하지만 하다보니까 이렇게 되어서 어쩔 수 없습니다 점진적 개선을 해야지요. 이렇게 말씀하십니다.

전국의 10만 명이 넘는 학교비정규직 인천시 교육청의 7천 명이 넘는 학교비정규직도 대체 누가 책임지고 해결하시겠습니까.

존경하는 교육감님

인천의 교육을 책임지고 계시는 교육감님께서 책임을 져주시기 바랍니다.

교육감님 결정으로 처리 가능한 부분을 먼저 요청드립니다.

첫째 학교장과의 계약이 아닌 교육감님과 직계약 할 수 있도록 해야 한다고 생각하는데 이에 대하여 어떻게 생각하십니까.

전남도와 강원도 교육감님은 약속하였고 경기도는 조례로 준비하고 있다고 들었습니다. 학교비정규직 직원의 합리적 관리체계 마련을 위해 교육청과의 직계약이 꼭 이루어져야 합니다.

토요일 유급화를 실현시켜 주시기 바랍니다. ……

전임지 경력을 인정해 주시기 바랍니다. ……

명절 상여금은 추석 설 각각 10만원에서 20만원으로 인상하여 예산에 반영해 주시길 바랍니다. ……

맞춤형 복지비를 인상해 주시기 바랍니다. ……

- 2011년 12월 21일, 인천시의회 본회의 시정질의 중에서

인천광역시 광역버스의 면허대수 대비 실제 운행 대수의 차이로 인한 시민들의 대기시간의 연장 등으로 서울 출퇴근 또는 통학에 심각한 문제가 되고 있습니다. 특히 지하철 7호선 개통으로 인한 여객 인원 감소를 핑계로 삼화고속의 광역버스 중 1000번, 1200번, 1400번, 2500번, 9800번 등 서구에서 출발하여 부평구를 관통하는 버스 그리고 1500번, 9800번 등 계양구를 관통하는 광역버스의 문제가 심각하여 예전에 15분 간격으로 운행하던 버스가 평균 30분 이상 간격으로 운행하여 시민의 발을 묶고 있습니다.

인천광역시로부터 면허를 받은 면허대수와 실제운행대수를 비교하면 1200번의 경우 15대 인가를 받았지만 실제 운행대수라고 우리시 대중교통과에 신고한 대수는 11대로 4대가 차이가 납니다. 그런데 요즘 스마트 폰으로 버스도착시간을 실시간으로 인식하고 준비할 수 있는 앱 프로그램에는 하루 운행대수가 8대로 기록되고 있습니다. 1400번의 경우에는 23대를 인가 받고 실제 운행하고 있다고 신고한 대수는 15대로 무려 8대 차이가 나 더 심각합니다. ……

제가 알기로는 삼화고속 불법 감차는 2009년도에 시작하여 2011년도에 감차 범위를

확대하였고 이로 인한 노조의 파업으로 시민의 불편이 가중되어 본 의원이 결의안을 대표 발의한 적도 있습니다. 그리고 최근 2012년도 후반기부터 지금까지 불법적 감차를 하고 있어 시민과 노동자의 피해가 큽니다. ……

불법 감차는 첫째 배차 시간이 길어져 결국 시민들이 기다리는 시간이 길어진다는 불편이 첫 번째이고, 두 번째 배차 시간이 늘어나면 기다리는 시민들이 늘어나서 출퇴근 시간에 급한 시민들은 불가피하게 정원을 초과한 입석을 해서라도 버스를 이용할 수밖에 없어 같은 요금 2500원을 지불하고도 길게는 한 시간 넘게 서서 갈 수 밖에 없다는 점이 큰 불편이고, 세 번째 출발 정류장에 가까이 사는 시민들은 그래도 기다려서 앉아서 이용할 수 있지만 출발지로부터 먼 정류장에 사시는 시민들은 항상 서서 다녀야하는 불편이 있습니다.

네 번째 입석을 할 경우 고소도로를 통과하는 버스는 입석이 금지되어 있고 모든 승객

이 안전벨트를 의무적으로 메어야함에도 불구하고 이를 지킬 수 없는 불법이 자행될 뿐 아니라 만약에 사고가 발생하면 대형 사고로 이어질 수 있는 위험성이 있습니다.

다섯 번째 입석을 할 경우 버스 기사 분은 법을 지키기 위하여 입석을 거부하게 되는데 이럴 경우 아무런 책임이 없는 시민과 버스기사간의 갈등과 설전이 벌어져 가뜩이나 힘든 출퇴근길이 짜증나게 되고 기사 분들은 또한 스트레스를 받게 되며 어쩔 수 없이 급한 시민을 위해 입석을 허락하였다가 경찰의 단속을 받으면 1회 7만원의 과태료를 내어야 하는 상황에 처하여 삼화고속 노조에서는 다음과 같은 안내표지를 버스 부착하고 운행하고 있는 실정입니다.

여섯 번째 기다리는 시간이 30분 이상이 되면 버스를 타기 전 지하철이나 다른 대중교통을 이용한 시민의 경우 환승할인 혜택을 보지 못하고 2500원 전액을 본인이 부담하여야 하는데 이 사실을 잘 모르는 시민도 많다는 점입니다. 우리시가 2012년도 광역버스 환승보조금으로 연간 58억 원 삼화고속에만 예산 지원하고 있는데 감차로 인해 그 혜택을 보지 못하고 있습니다. 일곱 번째 삼화고속의 불법 감차는 노동탄압의 수단으로 악용되고 있다는 것입니다. ……

불법적 감차로 시민의 불편을 야기하여 여론을 호도하고 또한 노동자들의 실질임금을 감소시켜 노동자들의 불만을 자극하여 결국은 파업을 유도하여 또 다시 시민 불편을 가중시키는 삼화고속에 대하여 법적 절차에 따른 과징금 부과와 개선 명령을 내려서 이것이 지켜지지 않을 때 면허 취소를 하고 노동자와 시민이 참여하는 노동자 중심 협동조합 방식의 광역버스운송회사를 만들어 공영적으로 운영하는 것이 근본적인 방법이라 생각합니다. 이에 대한 시장님의 의중은 어떠신가요?

- 2013년 9월 9일, 인천시의회 본회의 시정질의 중에서

# **언론보도**로 살펴보는
# **의정**활동기

지방의회가 지방정부를 감시하고 견제하는 역할을 한다면 지역언론은 의회와 행정부를 비판하고 동시에 이들의 활동을 유권자들에게 전달하는 기능을 수행하고 있습니다.

현장으로 찾아가 많은 지역 주민들을 만나고 이 분들의 말씀을 듣고 직접 소통하며 그 속에서 대안을 찾는 것이 의정활동의 기본입니다. 동시에 이런 활동을 언론을 통해 더 널리 알려 시민들의 관심과 참여를 유도하는 것도 매우 중요합니다.

정치권과 관가에는 조금 과장된 표현으로 이런 말이 있습니다.

"언론에 보도 되지 않으면 일하지 않은 것이다."

행정과 정치 영역에서는 언론을 통한 쌍방향 소통과 참여 확산이 그만큼 중요하다는 의미일 것입니다.

인천광역시의회 홈페이지(http://www.icouncil.go.kr/)는 37명의 시의원(교육의원)별로 이들의 의정활동을 보도한 기사를 따로 모아둬 시민들이 쉽게 찾아 볼 수 있도록 하고 있습니다.

이곳 '강병수 의원' 관련 언론보도 페이지에는 5백 여 건의 기사가 등록돼 있습니다. 언론 보도 수량이 의정활동을 평가하는 유일한 척도가 될 수는 없습니다. 다만 열심히 정책을 개발하고, 토론하고 발로 뛰며 활동한 내용들이 언론을 통해 기록돼 있어 '지난 3년 반 동안 놀지는 않았구나' 하며 스스로를 격려합니다. 또 평균과 비교해 두 배에 달하는 굉장히 많은 수의 기사가 등록돼 있는 것을 보고 저도 놀랐습니다.

2010년 7월 인천시의회가 의장과 위원장을 선임하는 원구성을 마치고 개원하자 〈한겨레〉가 '지방의회, 여성·소수당 "음메, 기살어~"'라는 제목으로 이렇게 보도했습니다.

인천시의회에서도 8개 상임·특별위원장 가운데 2곳에 여성과 소수당이 진출했다. 인천시의회는 최근 10조원이 넘는 인천시와 인천시교육청 예결산 심의를 담당하는 예산결산특별위장에 여성 의원인 신현환(45·민주당·남구3선거구) 의원을, 의원들의 품위유지 등 징계와 자격심사를 담당하는 윤리특별위원장에 강병수(49·국민참여당·부평3선거구) 의원을 각각 선출했다.

중앙언론이 지방의회 개원 뉴스를 기사화 하는 것이 흔치않은 경우라 제가 한겨레 출신이라고 '챙겨'준 게 아닌가 생각이 들기도 했습니다.

## ■ 지방의원으로서 자치입법 활동에 충실

가장 대표적인 국회의 권한과 역할은 법률을 제정하는 것입니다. 국회를 입법기관이라고 부르는 것도 이 때문입니다. 지방의회도 국회와 비슷한 입법권을 갖습니다. 물론 법률을 제정하는 것은 아니고 조례를 제정할 수 있습니다. 조례란 법령의 범위 내에서 지방의회의 의결을 거쳐 제정한 자치입법을 일컫는 말입니다. 여기에서 법령의 범위 내여야 한다는 것은 법령에서 위임하거나, 아니면 법령을 위배하지 않아야 한다는 의미입니다.

저는 2010년 7월부터 2013년 11월까지 63건의 조례안을 발의했습니다. 대표발의가 12건이고 이 중에서 8건이 인천시의회 본회의에서 원안 또는 수정 가결됐습니다.

특히 제가 대표발의한 조례 중에는 기존 조례의 내용을 일부 개정하는 것을 넘어 없던 것을 새롭게 만드는 제정 조례가 5건이나 되고, △인천광역시 식생활교육지원 조례안, △인천민주평화인권센터 설치 및 운영에 관한 조례안, △인천광역시 작은도서관 진흥에 관한 조례안, △인천광역시 보호자 없는 병원사업 지원 조례안 등은 전국 광역시도의회에서 최초로 발의된 조례들입니다.

이와 같은 자치입법 활동 성과를 인정받아 인천YMCA가 조사해 발표하는 '시의회 의정활동 모니터링 평가'에서 제가 조례 부분 1위로 선정됐습니다. 인천광역시의회 37명의 의원 중 저와 같은 정의당에 소속된 의원은 저를 포함해 2명뿐입니다. 이런 소수당의 한계에도 불구하고 가장 많은 조례

안을 발의하고 가결시킨 것은 다른 당 소속 동료의원들의 적극적인 지원과 협력이 있었기 때문입니다. 또 저도 동료의원들을 설득하고 공감을 이끌어 내기 위해 최선을 다한 결과입니다.

지방의원으로서 자치입법 활동에 충실하고자 노력했고, 지역언론도 여기에 주목했습니다.


### 인천시의회 '보호자 없는 병원사업 조례' 제정

인천시의회가 조례 제정을 통해 저소득층 입원환자에게 간병인을 지원하는 사업 추진에 나섰다.

인천시의회는 정의당 소속 강병수의원이 대표 발의한 '인천시 보호자 없는 병원사업 지원 조례'가 상임위를 통과했다고 29일 밝혔다. 이 조례는 오는 2월1일 본회의에서 통과되면 집행부에 의해 공포될 예정이다.

# 강병수 의원 조례안 발의/처리 현황

- 발의 건수 : 63건(대표발의 12건, 공동발의 : 51건)
- 처리 현황 : 원안가결 12건, 수정가결 35건, 계류 8건, 대안채택 · 철회 · 부결 등 8건

| 구분 | 의안명 | 처리결과 | 제안일자 |
|---|---|---|---|
| 대표발의<br>(12건) | 인천광역시 식생활교육지원 조례안 | 철회 | 2011.06.29 |
| | 인천광역시 식생활교육지원 조례안 | 수정가결 | 2011.08.24 |
| | 인천광역시 문화예술진흥 조례 일부개정조례안 | 대안채택 | 2011.10.11 |
| | 인천광역시 시정 현장견학 사업 운영에 관한 조례안 | 원안가결 | 2011.10.27 |
| | 인천민주평화인권센터 설치 및 운영에 관한조례안 | 수정가결 | 2011.12.01 |
| | 인천광역시 시사편찬위원회 조례 일부개정조례안 | 수정가결 | 2012.03.19 |
| | 인천광역시 작은도서관 진흥에 관한 조례안 | 수정가결 | 2012.06.07 |
| | 인천광역시 영상산업 육성 조례안 | 수정가결 | 2012.06.08 |
| | 인천광역시교육청 공무원이 아닌 근로자 채용 및 관리 조례안 | 계류 | 2012.06.08 |
| | 인천광역시 보호자 없는 병원사업 지원 조례안 | 수정가결 | 2012.12.21 |
| | 인천광역시 중증장애인 자립생활 지원조례 전부개정조례안 | 수정가결 | 2013.03.19 |
| | 인천광역시 장애인고용촉진 및 직업재활 지원에 관한 조례안 | 계류 | 2013.07.10 |
| 공동발의<br>(13건) | 인천광역시 유통업 상생협력과 소상공인 지원 조례안 | 수정가결 | 2010.11.10 |
| | 인천광역시 장애인가족 지원 조례안 | 수정가결 | 2010.11.19 |
| | 인천광역시 중증장애인 자립생활 지원조례 일부개정조례안 | 수정가결 | 2010.12.03 |
| | 인천광역시 스포츠복지 진흥지원 조례안 | 수정가결 | 2011.03.31 |
| | 인천광역시 교육행정협의회 설치 · 운영 조례안 | 철회 | 2011.05.09 |
| | 인천광역시 부평미군부대 공여구역주변지역 시민참여협의회 운영 조례안 | 철회 | 2011.05.16 |
| | 인천광역시 시립박물관 운영 조례 일부개정조례안 | 원안가결 | 2011.05.19 |
| | 인천광역시 교육행정협의회 설치 · 운영 조례안 | 원안가결 | 2011.06.08 |
| | 인천광역시 유통업 상생협력과 소상공인 지원 조례안 | 수정가결 | 2010.11.10 |
| | 인천광역시 장애인가족 지원 조례안 | 수정가결 | 2010.11.19 |
| | 인천광역시 중증장애인 자립생활 지원조례 일부개정조례안 | 수정가결 | 2010.12.03 |
| | 인천광역시 스포츠복지 진흥지원 조례안 | 수정가결 | 2011.03.31 |
| | 인천광역시 교육행정협의회 설치 · 운영 조례안 | 철회 | 2011.05.09 |
| | 인천광역시 부평미군부대 공여구역주변지역 시민참여협의회운영 조례안 | 철회 | 2011.05.16 |
| | 인천광역시 시립박물관 운영 조례 일부개정조례안 | 원안가결 | 2011.05.19 |
| | 인천광역시 교육행정협의회 설치 · 운영 조례안 | 원안가결 | 2011.06.08 |
| | 인천광역시 불법운행 택시 신고포상금 지급 조례안 | 원안가결 | 2011.06.20 |
| | 인천광역시 녹지보전 및 녹화추진에 관한 조례 일부개정조례안 | 수정가결 | 2011.07.18 |
| | 인천광역시 문화예술진흥 조례 일부개정조례안 | 부결 | 2011.08.18 |
| | 인천광역시 거주외국인 지원조례 일부개정조례안 | 수정가결 | 2011.08.18 |
| | 인천광역시 통일교육 활성화 조례안 | 수정가결 | 2011.8.23 |

| 구분 | 의안명 | 처리결과 | 제안일자 |
|---|---|---|---|
| 공동발의<br>(38건) | 인천광역시 학생 칭찬 조례안 | 부결 | 2011.08.29 |
| | 인천광역시국제교류협력기금 설치 및 운용 조례안 | 계류 | 2011.08.30 |
| | 인천광역시 효행 장려 및 지원에 관한 조례 일부개정조례안 | 수정가결 | 2011.08.31 |
| | 인천광역시 장애인차별금지 및 인권보장에 관한 조례안 | 수정가결 | 2011.09.01 |
| | 2014인천아시아경기대회 자원봉사지협의체 설치 및 운영조례안 | 수정가결 | 2011.09.02 |
| | 인천광역시 부평미군부대 반환공여구역 주변지역 등 시민참여협의회 운영 조례안 | 수정가결 | 2011.09.07 |
| | 인천광역시 공사상소방공무원 지원에 관한조례안 | 수정가결 | 2011.09.08 |
| | 인천광역시 시립박물관 운영 조례 전부개정조례안 | 수정가결 | 2011.09.28 |
| | 인천광역시 식품기부 활성화 및 지원에 관한 조례안 | 수정가결 | 2011.11.15 |
| | 인천광역시세 부과, 징수 및 감면조례 일부개정 조례안 | 수정가결 | 2011.12.19 |
| | 인천광역시교육청 장애인생산품 우선구매 촉진 조례안 | 수정가결 | 2012.03.15 |
| | 인천광역시 유통업상생발전과 소상공인 지원조례 일부개정조례안 | 철회 | 2012.04.18 |
| | 인천광역시교육감 소속 지방공무원 복무 조례 일부개정조례안 | 원안가결 | 2012.05.09 |
| | 인천광역시 중소상인 경쟁력강화 및 지원에 관한 조례안 | 수정가결 | 2012.05.29 |
| | 인천광역시 유통업상생협력과 소상공인지원조례 일부개정조례안 | 수정가결 | 2012.05.29 |
| | 인천광역시립학교운영위원회 구성 및 운영에 관한 조례 일부개정조례안 | 부결 | 2012.05.30 |
| | 인천광역시 시민프로축구단 지원 조례 일부개정조례안 | 원안가결 | 2012.06.08 |
| | 인천광역시 국제개발협력에 관한 조례안 | 계류 | 2012.09.13 |
| | 인천광역시 주민참여 예산제 운영 조례 전부개정조례안 | 수정가결 | 2012.10.16 |
| | 인천광역시 일제강점하 독립운동 기념사업 조례안 | 수정가결 | 2012.10.29 |
| | 인천광역시 사회복지사 등의 처우 및 지위향상을 위한 조례안 | 수정가결 | 2012.12.17 |
| | 인천광역시 자활사업 지원 조례 전부개정조례안 | 수정가결 | 2012.12.04 |
| | 인천광역시 인천상륙작전기념관 설치 및 관리 조례 전부개정조례안 | 계류 | 2013.03.04 |
| | 인천광역시 강화고려역사재단 설립 및 운영에 관한 조례안 | 수정가결 | 2013.04.09 |
| | 인천광역시의회 운영에 관한 조례 일부개정조례안 | 원안가결 | 2013.04.16 |
| | 인천광역시 결산검사위원 선임 및 운영에 관한 조례 일부개정조례안 | 원안가결 | 2013.04.16 |
| | 인천광역시 행정사무감사 및 조사에 관한 조례 일부개정조례안 | 원안가결 | 2013.04.16 |
| | 인천광역시 마을공동체 만들기 지원 조례안 | 수정가결 | 2013.04.17 |
| | 인천광역시 협동조합 지원에 관한 조례안 | 원안가결 | 2013.04.17 |
| | 인천광역시 농어촌 기숙형 학교 교육경비 보조에 관한 조례 일부개정조례안 | 계류 | 2013.06.04 |
| | 인천광역시 시민프로축구단 지원 조례 일부개정조례안 | 수정가결 | 2013.07.31 |
| | 인천광역시 시립체육시설 관리 운영 조례 일부개정조례안 | 수정가결 | 2013.09.02 |
| | 인천광역시 시민제안제도 운영 조례 일부 개정조례안 | 수정가결 | 2013.09.06 |
| | 인천광역시 문화예술진흥 조례 일부개정조례안 | 원안가결 | 2013.09.12 |
| | 인천광역시 시립박물관 운영 조례 일부개정조례안 | 수정가결 | 2013.11.11 |
| | 인천광역시 학교 밖 청소년 지원 조례안 | 계류 | 2013.11.12 |
| | 인천광역시 사회적기업 육성 및 지원에 관한 조례 전부개정조례안 | 원안가결 | 2013.11.22 |
| | 인천광역시 지역농식품 육성 및 지원에 관한 조례안 | 계류 | 2013.11.26 |

이 조례는 공공보건의료기관을 우선 지정해 환자에게 식사 보조 및 위생·청결 등 간병서비스를 제공하고, 체계적인 사업 추진을 위해 사업계획을 매년 수립·시행토록 하는 내용을 담고 있다.

지원대상은 차상위계층·수급권자·건강보험가입자 등 시장이 필요하다고 인정되는 주민이고, 지정 의료기관에서 간병인 직접 고용이 불가피하면 공공성을 지닌 파견 업체 등에 우선 위탁하도록 했다.

강 의원은 "저소득층 간병서비스를 국민건강보험제도 안에서 운영하는 것이 목표"라며 "하지만 단번에 국민건강보험으로 하는 데에 무리가 있어 과도기적 형태로 지자체에서 지원하도록 조례를 발의했다"고 말했다.

인천지역에서는 동구가 인천의료원과 협약을 맺고 보호자가 없는 저소득층 입원 환자에게 간병인을 지원하는 '보호자없는 병실'을 운영하고 있다.

〈연합뉴스=인천, 2013.1.29〉


## 지역 민주화운동 자료 수집·편찬 인천평화인권센터 조례 발의

인천시에 지역내 민주화 운동의 역사를 기릴 수 있는 각종 자료를 수집 편찬하고 교육을 맡을 '인천민주평화인권센터'가 설치될 전망이다.

인천시의회 문화복지위원회 소속 강병수 시의원(국참·부평3)은 6일 이같은 내용을 담은 '인천민주평화인권센터 설치 및 운영에 관한 조례(안)'을 대표 발의했다.

이 조례안에 따르면 센터는 민주화 운동 관련 자료를 수집·보관·전시를 비롯해 편찬하고, 이 운동에 대한 정리와 계승사업은 물론 희생자 추모 사업 등을 맡게 된다.

〈경기일보, 2011.12.7〉

인천시의회, '시립박물관 관람료 무료화' 조례 개정안 추진

인천시의회 신현환, 강병수 의원이 인천시립박물관 조례 중 관람료 징수 조항을 유료관람에서 무료관람으로 변경하는 내용의 일부개정조례안을 제출해 주목을 끌고 있다.

신현환, 강병수 의원은 14일 이런 내용을 담은 '인천광역 시립박물관 운영 조례 일부개정조례안'을 문화복지위원회에 제출했다.

개정조례안에는 시립박물관 관람료 무료화를 통해 더 많은 시민들의 방문을 유도하고, 내실있는 박물관 운영을 위해 대관시설 내 한국이민사박물관 추가하고, 수집실무위원회 · 유물평가심의회를 설치 운영하는 내용이 담겼다.

인천시립박물관 관람료는 성인 400원, 군인 200원이며, 노인과 어린이의 경우 무료다. 시립박물관의 경우 관람료를 통한 수익은 연 600~700만원 수준으로 나타났다. 검단선사박물관과 송암미술관 등 인천지역 시립박물관 분관을 모두 포함해도 연 1천300만원 안팎인 것으로 알려졌다. 요금 징수를 하는 용역직원의 인건비도 나오지 않는 셈이다.

〈중부일보, 2013.11.15〉

## ■ 각계 전문가와 토론해 정책 대안 모색

지방의원의 주요한 역할 중 하나는 정책 현안과 사회 문제에 대해 각계 전문가와 토론해 정책 대안을 모색하고 이를 제도화 하는 것입니다.

그러기 위해서는 정책 연구를 게을리 할 수 없고, 보좌관도 없으니 토론문도 직접 써야 합니다. 토론회를 주최할 때나 토론자로 초대 받았을 때나 최선을 다해 열심히 준비했습니다. 이 때문인지 저의 토론회 발언이 지역

언론에 다수 보도됐습니다.

## 재정난 탈피, 탄력적 기금운용 절실

인천문화재단이 겪고 있는 재정위기에 대한 인식을 함께하기 위해 28일 열린 '중장기 예산정책 토론회'에서는 재단의 자구노력에 대한 조언 등 재정난 해결을 위한 다양한 의견들이 쏟아졌다.

이날 토론회에 토론자로 나선 강병수 의원은 현재의 기금을 활용한 수익사업을 모색해 볼 것을 제안했다. 그는 "시 재정난이 지속되고 이자율도 계속해 낮아졌음에도 이제와 외부 의견을 수렴하는 재단의 늦은 대처는 아쉽다"면서도 "자체 내 예산감축 방안을 검토하는 동시에, 재단·의회·집행부가 머리를 맞대고 조성된 기금을 활용한 수익사업 방안을 모색해야 한다"고 말했다.

강 의원은 또 "전체적으로 내년도 예산이 상당 부분 삭감됐지만 문화(재단)와 관련된 예산은 올해 수준의 지원이 될 수 있도록 노력하겠다"고 덧붙였다.

<기호일보, 2013.11.29>

## "선진교육 비결은 사제간 신뢰" '학교혁신 인천국제심포지엄' 열려… 체벌·교원 평가 등 주요현안 논의

지난 14일 오후 인천시청 대회의실에서 '2011 학교혁신 인천국제심포지엄'이 열렸다.

이날 심포지엄에 발표자로 나온 핀란드와 스웨덴 교육자들은 자국의 학교 혁신사례를 소개했다. 앞서 열린 기자간담회에서는 학생 체벌과 학교 평가에 대한 견해를 내놓았다.

최근 인천에서는 중학교 여교사가 학생을 과도하게 체벌해 폭행혐의로 불구속 입건되는 일(경인일보 5월13일자 22면 보도)이 있었다.

'스웨덴 푸트룸학교 한스 알레니우스 교사는 기자간담회에서 "스웨덴은 학교 체벌이 20년 전에 사라졌다"며 "가정에서도 체벌을 금지한다. 체벌을 한 교사나 부모는 처벌을 받는다"고 했다. 또 "교사가 학생에게 손을 들게 한 적이 있는데, 이 교사는 처벌을 받았고 교사 자격증도 박탈당했다"고 했다. ……

강병수 시의원과 임병구 인천교육연구소장은 각각 '학생들이 행복한 학교를 만들자', '인천 교육 진단 및 전망'이라는 주제로 발표했다.

강병수 의원은 주제발표에서 "성인들의 사고로 인해 학생들이 학창시절에 할 수 있는 활동을 최소화하거나 억제시키는 것은 바르지 않다"고 말했다.

또한 "학생들의 인권과 행복추구권이 교육 현장에 반영될 때 진정 학교의 혁신이 이뤄질 것으로 생각한다"고 했다.

〈경인일보, 2011.05.15〉

### 인천 로컬푸드 지원조례 제정 토론회…
### "지역 먹거리체제 구축되야"

인천시의회 문화복지위원회는 6일 의총회의실에서 인천의제21실천협의회와 강병수 시의원 주최로 '인천시 로컬 푸드 지원조례 제정을 위한 토론회'를 개최했다고 밝혔다.

이날 간담회는 인천지역의 로컬푸드 활성화를 위한 법적·제도적 환경분석 및 효과적인 전략을 도출하고 이에 관한 관련 법령을 검토 및 시안을 마련해 인천시 로컬푸드 활성화를 위해 마련됐다.

간담회는 로컬푸드 활성화 필요성과 방향 및 로컬푸드 우선구매지원조례제정 선진지 사례를 공유하고 지역 특성에 맞는 전략과 인천시 로컬푸드 우선구매 지원안을 검토하는 내용으로 진행됐다.

이날 간담회는 박상문 인천의제21 실천협의회 상임대표의 사회로 열렸으며 이빈파 성북구 친환경유통팀장, 김정택 인천시 친환경농업인연합회 이사와 강병수 시의원이 주제발표를 통해 로컬푸드 우선구매확산을 위한 법·제도지원 필요성 및 대책 등 논의가 이뤄졌다. ……

〈뉴스1=인천, 2012.12.06〉

## ■ 행감 통해 문화복지 분야 문제 지적, 대안 제시

국회에 국정감사가 있다면 지방의회에는 행정사무감사가 있습니다. 시청과 교육청이 1년 간 집행한 행정사무에 대해 시의회가 감사를 실시하는 것입니다.

방만하고 무능한 행태를 비판하고, 합리적인 대안을 제시하기 위해 많은 의원들이 자료와 씨름하고 현장을 찾아 생생한 목소리를 듣습니다. 문화복지위원회 소속인 저는 인천시의 도서 · 출판 정책과 보육, 복지 등의 분야에서 문제를 지적하고 대안을 제시하기 위해 노력해 왔습니다. 지역언론도 이런 문제제기에 주목했습니다.

### 인천시, 유네스코 '책의 수도' 사업 예산 1억만 배정
인천시가 '유네스코 2015 세계 책의 수도' 사업 예산 1억원을 책정해 사실상 사업의지가 없음을 드러냈다.

중부일보

2013년 11월 22일
03A면 (종합)

# 市 '책의 수도' 사업 예산 1억만 배정

**당초 매년 80~90억 편성**
**2016년까지 133억 마련**
**"예산 미확보… 사업의지 없어"**

라다솜기자/radasom@joongboo.com

인천시가 '유네스코 2015 세계 책의 수도' 사업 예산 1억원을 책정해 사실상 사업의지가 부족하다는 지적을 받았다.

인천시의회 강병수 의원은 21일 열린 문화복지위원회 행정사무감사에서 "송영길 인천시장이 유네스코 책의 수도를 인천에 유치한 것을 자랑스러워 하며 곳곳에 말하고 있지만, 집행부가 내세운 예산은 1억원"이라며 "세계에 인천의 모습을 보여주는 것인데 예산 미확보는 집행부 의지에 문제가 있는 것"이라고 꼬집었다.

강 의원은 "당장 내년부터 준비할 판에 1억원 가지고 되겠느냐"며 "책의 수도 사업은 일반적인 신규 편성 예산과 격이 다른 것"이라고 강조했다.

당초 시는 지난 7월 2015 세계 책의 수도로 선정됨에 따라, 매년 80~90억 원의 예산을 편성해 오는 2016년까지 총 사업비 133억원을 들일 계획이었다. 시는 국비 49%, 시비 51%로 각종 사업비를 마련해 책과 관련된 각종 국내외 대규모 행사를 펼칠 방침이다.

그러나 당장 내년부터 필요한 예산을 마련하지 못한 데다, 책의 수도 선정 시점이 국비신청기한이 지난 상태에서 발표돼 국비를 반영시키지 못했다.

강 의원은 부산과 광주, 대구 등 출판문화가 형성돼 있는 지역과 비교하며 인천시의 출판문화진흥 사업 및 출판단지 지정 등을 제안했다.

강 의원은 "책의 도시는 단순히 책 몇부 발간하는 등 인위적으로 되는 것이 아니라 책의 뿌리를 양성해야 한다"며 "출판 사업은 개인 사업이기는 하지만 인천에서 좋은 책을 만들고 기업 운영으로 인한 일자리 창출 효과도 있어 시가 만들어야 한다고 본다"고 말했다.

(14.9*10.0)cm

---

인천시의회 강병수 의원은 21일 열린 문화복지위원회 행정사무감사에서 "송영길 인천시장이 유네스코 책의 수도를 인천에 유치한 것을 자랑스러워 하며 곳곳에 말하고 있지만, 집행부가 내세운 예산은 1억원"이라며 "세계에 인천의 모습을 보여주는 것인데 예산 미확보는 집행부 의지에 문제가 있는 것"이라고 꼬집었다.

강 의원은 "당장 내년부터 준비할 판에 1억원 가지고 되겠느냐"며 "책의 수도 사업은 일반적인 신규 편성 예산과 격이 다른 것"이라고 강조했다. ……

강 의원은 부산과 광주, 대구 등 출판문화가 형성돼 있는 지역과 비교하며 인천시의 출판문화진흥 사업 및 출판단지 지정 등을 제안했다.

강 의원은 "책의 도시는 단순히 책 몇부 발간하는 등 인위적으로 되는 것이 아니라 책의 뿌리를 양성해야 한다"며 "출판 사업은 개인 사업이기는 하지만 인천에서 좋은 책을 만들고 기업 운영으로 인한 일자리 창출 효과도 있어 시가 만들어야 한다고 본다"고 말했다.

〈중부일보, 2013년 11월 22일〉

## AG용 신축 송림체육관에 대기업 어린이집 '떡하니'

인천시설관리공단이 내년 아시안게임을 위해 신축한 체육관 내 유휴공간을 특정 대기업의 직장 어린이집으로 임대해 줘 논란이 되고 있다.

인천시의회 문화복지위원회 강병수 의원은 19일 인천시설관리공단에 대한 행정사무감사에서 "아시안게임 경기장을 지역별로 안배해 지은 것은 대회 이후 각 지역마다 있는 소외계층에게 문화, 체육기반시설로 활용하기 위한 것"이라며 "동구 송림체육관에 현대제철 직장어린이집을 유치한 것은 형평성에 맞지 않는다"고 지적했다.

시설관리공단은 지난 9월 송림체육관 개관과 동시에 1층 건물 463㎡를 현대제철에 연간 5천300만원을 받고 2016년 9월 6일까지 3년간 직장어린이집으로 사용할 수 있도록 임대 계약을 맺었다.

강병수 의원은 "수익사업을 통한 체육관 활용 방안도 좋지만 동구의 열악한 환경에 있는 저소득층 자녀들도 이 공간을 활용할 수 있는 방안을 마련해달라"며 "대기업 직장어린이집으로만 활용되는 것은 체육관 건립 취지에 맞지 않다"고 강조했다.

〈중부일보, 2013.11.20〉

# ■ 정치 현안에 진보적 목소리 대표

인천시의원은 지역 민생 현안을 챙기고, 집행부의 행정 행위를 감시하고 견제하는 게 일차 임무입니다. 동시에 선거로 선출된 책임 있는 정치인으로서 국가적 사안에 대해 지역 주민들의 여론을 모아 정치적 목소리를 낼 의무도 있습니다.

국민의 삶과 직결된 KTX 민영화 문제와 풀뿌리 민주주의의 근간인 기초의회 선거구 획정 등 중요한 정치 현안과 정책 사안이 제기될 때마다 진보적 목소리를 대표했고, 지역언론은 여기에 주목해 비중 있게 보도했습니다.

## 강병수 시의원 "KTX 민영화는 재벌에 특혜 주려는 것"

인천시의회가 최근 정부가 추진하고 있는 KTX 민영화 정책에 대해 전면 거부하고 나섰다.

인천시의회 강병수 의원은 20일 'KTX 민영화 추진 중단 촉구 건의안'을 통해 KTX 민영화 정책 폐기와 철도 관련법의 전면 개정이 필요하다고 주장했다.

강 의원은 "정부는 대다수 국민과 여야 정치권 및 시민사회단체의 반대에도 불구하고 KTX에 대한 민영화를 추진하고 있다"며 "이는 철도가 갖는 공공운송 수단이라는 측면을 외면한 채 재벌기업에게 특혜를 주기 위한 것"이라고 비난했다.

이어 "철도는 국민의 교통기본권을 보장하고 공공성 유지를 위해 적자가 발생하더라도 정부가 운영해야 한다"며 "KTX의 고수익으로 새마을호와 무궁화호의 적자를 보존하고 저렴한 요금을 유지해야 한다"고 강조했다.

강 의원은 특히 "KTX의 민영화는 재벌기업에 특혜를 주는 것이며, (KTX가 민영화되면 기업은)이윤 극대화를 위해 적자 노선을 축소하거나 폐지할 것"이라며 "이는 결국 민간사업자의 횡포로 이어질 것"이라고 설명했다.

그는 "인천의 경우 2013년 말 고양역~인천공항 간 공항철도 고속화 구간의 교통망 연계는 이용수요를 증대시킬 것"이라며 "그러나 KTX가 민영화되면 2014아시안게임을 위한 교통망 구축 역시 공공성을 훼손하게 될 것"이라고 경고했다.

강 의원은 이에 따라 "국민의 교통기본권을 고려해 KTX의 민영화에 대한 일방적인 정책은 국민 합의를 통해 추진해야 할 것"이라며 "교통기본권과 국가 재정에 관한 사항을 주무부처 장관의 면허만으로 결정하도록 규정돼 있는 철도 관련 법의 전면 재검토가 개정돼야 한다"고 거듭 주장했다.

〈기호일보, 2012.6.21.〉

---

중부일보

## "KTX 민영화땐 적자노선 줄이거나 없애… 국민들만 피해"

시의회, 철도관련법 전면 개정 촉구 건의안 통과

철도의 공공성을 훼손할 수 있는 'KTX 민영화' 정책 폐기와 철도 관련법의 전면 개정을 촉구하는 건의안이 20일 인천시의회를 통과했다.

인천시의회 강병수 의원 대표발의한 'KTX 민영화 추진 중단 촉구 건의안'은 ▶KTX 민영화에 대해 국민적 합의를 이끌기 위한 충분한 논의 선행 ▶중대한 사항을 주무부처 장관의 면허만으로 결정하는 철도관련 법의 전면 재검토 및 개정 등의 내용을 담고 있다.

강 의원은 "정부는 대다수 국민과 야당 정치권을 비롯한 시민사회단체의 반대의 우려에도 불구하고 경

대표발의한 강병수 시의원

"국민재산 재벌기업에 넘겨선 안 돼 국민과 충분한 합의 선행돼야"

제적 도입이라는 이유를 들어 KTX 민영화를 추진하고 있다"면서 "한국철도의 유일한 흑자 사업인 KTX가 민영화되면 기업경영의 논리에 따라 적자노선들은 축소하거나 폐지 될 수 밖에 없을 것"이라고 주장했다.

이어 "KTX 민영화 추진은 재벌기업에게 특혜를 주고 국민의 재산인 공공교통을 팔아넘기는 것"이라며 "KTX가 민영화될 경우 철도 서비스의 공공성이 심각하게 훼손돼 그 피해는 고스란히 국민에게 돌아

갈 것"이라고 말했다.

강 의원은 호주 시드니 공항이 백 퀴리 회사에 인수되면서 이용요가 9배 증가한 사례를 지적하며 KTX 민영화는 민간사업자의 횡포로 이어질 것이라고 경고했다.

한편, 이날 원안 가결된 건의안은 인천시를 비롯해 국회, 국토해양부 등에 이송될 예정이다.

공병근기자 ssol4366@joongboo.com

2. 의정활동, 지역활동 보고서 | 109

## 부평 미군기지 오염조사 촉구 결의안 상정

인천시의회가 부평 미군기지 환경오염 조사를 정부에 요구하고 나섰다.

인천시의회 강병수, 이성만 외 18명의 시의원은 '부평미군기지(캠프 마켓) 환경오염 조사 촉구 결의안'을 상정했다고 3일 밝혔다.

이들은 '환경오염 조사 촉구 결의안'을 통해 환경부와 국회 환경노동위원회, 인천시에 정부와 미군의 부평 미군기지 합동조사와 경북 캠프 캐럴의 고엽제 의심 물질이 부평 미군기지에서 처리됐다는 의혹에 대한 해명, 시와 시민단체, 시민대표가 참여하는 공동기구 구성을 요구했다.

이들은 "최근 경북 칠곡의 고엽제 매몰 의혹에 이어 부평미군기지와 부천 캠프 머서에서도 고엽제를 처리했다는 의혹이 제기되고 있다"며 "정부와 미군은 경북·부천미군기지와 다르게 부평미군기지에 대한 조사를 하지 않고 있다"고 제안 이유를 밝혔다.

이어 "환경오염 의혹에 대한 진상을 규명하고 시민 안전과 건강을 지킬 수 있도록 부평미군기지에 대한 정부와 미군의 합동조사가 필요하다"고 주장했다.

이들은 특히 "지난 1992년 발간된 미군 공병단 건설연구소의 보고서와 지난 2008년과 2009년 두차례에 걸친 환경조사에 따르면 부평미군기지에 고엽제가 매몰됐을 가능성이 매우 높다"며 "시민 불안과 공포를 해소하기 위해 환경오염 조사를 실시하고 의심물질 이전 처리에 대한 의혹을 밝혀야 한다"고 지적했다.

〈인천일보, 2011.7.4〉

## 인천시의회, 지방재정 건전화 특별위원회 구성

인천시의회는 시의회 지방재정 건전화 추진 특별위원회(이하, 재정특위)를 구성한다고 20일 밝혔다.

시의회에 따르면 올해 말로 약 10조원에 이를 것으로 예측되는 시와 산하 공기업 부채를 합리적으로 다루기 위해 특위를 구성했다.

재정특위를 발의한 강병수 시의원은 "특위를 통해 시 재정 부실화의 원인을 철저히 진단할 것"이라며 "재정 부실화의 구조적인 문제와 각 단위 사업들의 현황을 정확히 파악해 향후 대안을 수립할 것"이라고 말했다.

〈뉴시스=인천, 2010.10.20〉

## 내년 선거구획정안 시의회 통과 '진통 예상'……
## 4인 선거구제 역시 갈등

획정위는 남구와 연수구, 부평구와 서구 등 4개 지역에 4인 선거구제 도입을 결정했다. 이 부분에 대해선 소수정당과 새누리 · 민주당간 입장이 다르다.

시의회 강병수(정 · 부평3) 의원은 "풀뿌리 지방자치를 강화한다는 측면에서 소수정당이 정계에 진출할 수 있도록 4인 선거구제 도입이 시급하다"고 강조했다.

반면 시의회 '제 1당'인 구재용 시의회 민주당 원내대표와 제갈원영 새누리당 원내대표는 부정적인 입장이다.

구재용 원내대표는 "왜 4인 선거구를 도입하려는 건지 모르겠다"며 "검단 지역 선거구의 경우, 원안으로 돼 있었던 2인 선거구로 가는 것이 바람직하다"고 말했다.

제갈원영 원내대표는 "4인 선거구는 후보의 선거비용 부담이 커지는 등의 부정적인 측면이 있다"며 "연수구의 경우 지나치게 야권에 유리한 지역을 4인 선거구로 하는 등 정치적인 측면이 고려된 문제가 있다"고 말했다.

시의회는 지난 2010년 획정위가 제출한 '4인 선거구' 획정안을 '2인 선거구'로 고쳐 통과시키기도 했다.

한편 획정위의 이번 선거구획정안은 입법예고기간을 거쳐 내년 초 인천시의회에 제출될 예정이다.

〈경인일보, 2013.12.3〉

# **언론** 기고를 통해
# **시민**과 **소통**하다

    지역언론은 민심을 읽고 인천시민들과 소통하는 소중한 매체입니다. 인천시와 부평구에 크고 작은 문제와 현안이 생길 때마다 언론에 보도자료를 내고, 필요하면 직접 칼럼을 써서 기고했습니다.

    지역언론 매체를 통해 시민과 소통하며 문제 해결을 촉구하고 해법을 제시하는 것 또한 시의원으로서 마땅히 해야 할 역할이기 때문입니다.

    2013년. 연초부터 인천문화재단 인사문제로 지역이 떠들썩했습니다.

    그 때 이 문제를 처음 보도한 〈인천일보〉에 '인천문화재단 눈높이'라는 칼럼을 기고했습니다.

발단은 1월10일자 인천일보의 기사로 시작됐다. 문화재단 내부 제보자의 주장에 근거해 "기존의 주 업무와 연계성이 떨어지는 부서로 이동된 15명의 문제와 그 중 5명은 1년 만에 또 다시 자리를 옮기게 됐다"는 내용과 대표이사가 "자기사람을 챙기기 위해 입사한 지 1년 밖에 안 된 직원을 본부장 직무대리 자리에 앉힌" 코드인사를 하였다는 내용이다. 이번 인사로 직원간의 팀워크가 균열되고 직원 전문성과 일할 의욕을 저하시켜 인천시민에게 피해가 갈까 걱정된다는 주장이다. ……

문화재단 경영진은 대표이사 고유권한인 직원인사에 대해 대내외에서 특혜성이니 낙하산 인사니 하면서 싸잡아 비판하는 것이 억울할 수도 있다.

연초부터 인천문화재단 인사문제로 지역에 떠들썩하다. 희망을 주는 덕담으로 새해를 시작해야 서로에게 힘이 될 터인데 인사 문제로 시끄러우니 마음이 편하지 않다. 인천문화재단은 이번 내부인사를 하고 1월8일 보도자료를 통해 지역언론에 알렸다. 기획경영본부장을 인천한국근대문학관장으로 전보하고 기획경영본부장 직무대리에 3급 기획홍보팀장을 발령을 낸 것이 주요 내용이었다.

발단은 1월10일자 인천일보의 기사로 시작됐다. 문화재단 내부 제보자의 주장에 근거해 "기존의 주 업무와 연계성이 떨어지는 부서로 이동된 15명의 문제와 그 중 5명은 1년만에 또 다시 자리를 옮기게 됐다"는 내용과 대표이사가 "자기사람을 챙기기 위해 입사한 지 1년 밖에 안 된 직원을 본부장 직무대리 자리에 앉힌" 코드인사를 하였다는 내용이다. 이번 인사로 직원간의 팀워크가 균열되고 직원 전문성과 일할 의욕을 저하시켜 인천시민에 피해가 갈까 걱정된다는 주장이다.

더불어 인사권자인 대표이사의 근태문제를 제기하였다. 늦게 출근하여 하루 3~4시간 정도 밖에 일하지 않는다고 지적하였다. 이후 13일 시

## 자치현장

강병수
인천시의원

# 인천문화재단 눈높이

민단체의 성명서가 나오고 지역과 중앙언론들은 대표이사의 근무태만과 특혜성 인사를 집중 거론하게 되고 마침내 인천시가 감사에 착수하게 된다.

지역 문화예술계 일부 인사들은 이번 문제가 지역문화예술계와 소통 부족이 근본원인이라고 지적하면서도 이번 사태와 관련해 인천문화재단에 대한 자율성과 독립성을 훼손하려는 어떠한 시도가 있어서는 안 됨을 명확히 하는 입장을 발표하면서 시와 시의회에 논의구조를 제안했다.

인천일보는 최근 기사에서 근대문학관장 자리를 공개모집 하지 않고 내부직원을 관장으로 앉힌 것은 '자기사람 앉히기'식의 낙하산 인사'라는 지역 비판여론을 전하며 공개채용을 해법으로 제시하고 있어 새로운 국면에 접어들고 있다.

문화재단 경영진은 대표이사 고유 권한인 직원인사에 대해 대내외에서 특혜성이니 낙하산 인사니 하면서 싸잡아 비판하는 것이 억울할 수도 있다.

특히 인사와 직접 상관없는 대표이사 근무태만과 연봉을 거론하는 것이 임기가 1년도 남지 않은 진보적 문화예술단체 출신 대표이사에 대한

의도성 있는 흠집내기로 받아들일 수 있다.

그러나 시민의 세금으로 운영되는 공공기관은 항상 언론과 시민 사회의 비판을 받을 엄중한 각오를 가지고 임해야 하며 작은 실수도 이번처럼 큰 사태로 전환될 수 있다는 긴장을 놓치지 않아야 할 것이다. 특히 지금 언론과 시민단체 그리고 인천 문화예술계 인사들이 진심으로 하고 싶은 말은 무엇인지 깊이 뒤돌아 성찰해 봐야 한다.

필자가 생각하기에 그들이 하나같이 하고 싶은 말은 문화재단 운영과 인사가 시민의 눈높이에 맞추고 시민과 함께 소통하며 가자는 것이라 생각한다. 설사 잘못이 없다고 해도 기관 운영의 투명성과 공공성에서 시민의 눈높이에 맞지 않은 점이 있다면 바로 그 점이 잘못이라는 점을 명심하길 바란다. 선출직이든 임명직이든 시민의 공복으로 공직에서 일한다는 것은 바로 이렇게 어려운 일이라는 것을 다시 한번 깨닫게 된다.

이번 206회 인천시의회 임시회(1월21~2월1일)에서 인천시 감사결과를 토대로 시민의 입장에서 정확하게 지적하고 소통 방안을 찾을 것을 인천시민들께 약속드립니다.

---

특히 인사와 직접 상관없는 대표이사 근무태만과 연봉을 거론하는 것이 임기가 1년도 남지 않은 진보적 문화예술단체 출신 대표이사에 대한 의도성 있는 흠집내기로 받아들일 수 있다.

그러나 시민의 세금으로 운영되는 공공기관은 항상 언론과 시민 사회의 비판을 받을 엄중한 각오를 가지고 임해야 하며 작은 실수도 이번처럼 큰 사태로 전환될 수 있다는 긴장을 놓치지 않아야 할 것이다. 특히 지금 언론과 시민단체 그리고 인천 문화예술계 인사들이 진심으로 하고 싶은 말은 무엇인지 깊이 뒤돌아 성찰해 봐야 한다. ……

이 칼럼을 통해 인천문화재단 경영진에게 "설사 잘못이 없다고 해도 기

관 운영의 투명성과 공공성에서 시민의 눈높이에 맞지 않은 점이 있다면 바로 그 점이 잘못이라는 점을 명심하길 바란다"고 지적했습니다.

동시에 이 글을 쓰며 제 자신도 '시민의 공복인 선출직 시의원으로서 시민의 눈높이에 맞춰 의정활동을 해야 한다는 것을 명심해야 한다'고 다시 한 번 다짐했습니다.

인천시의원은 인천시의 행정뿐만 아니라 인천시교육청의 교육 정책에 대해서도 문제점을 비판하고 대안을 제시해야 합니다.

학생 개개인의 내일과 우리나라의 미래를 위해 어떤 교육 제도와 정책이 필요한 지 판단하고, 더 나아가 가정과 학교는 물론 지역사회가 어떤 교육 철학을 공유하고 같은 방향으로 나아갈 것인 지 바른 길을 제시해야 합니다.

이런 시각을 갖고 지역의 교육 현실에 주목하면 바꾸고 개선해야 할 것이 참 많습니다. '패러다임 시프트'라고 할 만한 대전환을 필요합니다.

〈인천일보〉에 '인천교육 패러다임 변화 고민을'이란 글을 기고(2011년 8월 17일자)한 이유입니다.

인천의 교육현장은 지난해엔 학력향상선도학교 지정문제로 올해는 학원시간 단축 조례 개정과 야간 자율학습의 실시 등의 문제로 뜨거운 논쟁이 이루어져 왔다. 이 논쟁은 정규교육과정 외 학생·학부모 학습선택권과 교권에 대한 논쟁으로 전화해 여전히 진행형이다.

모처럼 교육문제로 논쟁이 다양하게 이루어지고 있는 것은 바람직하다고 할 수 있다. 그러나 아쉬운 점은 교육정책을 총괄하는 시교육청이 논쟁을 주도하기보다 끌려 다니는 듯

2011년 08월 17일
10면 (오피니언)

지역현안    학습선택권 조례 제정

강병수
인천시의원

## 인천교육 패러다임 변화 고민을

인천의 교육현장은 지난해엔 학력향상선도학교 지정문제로 올해는 학원시간 단축 조례개정과 야간 자율학습의 실시 등의 문제로 뜨거운 논쟁이 이루어져 왔다. 이 논쟁은 정규교육과정 외 학생·학부모 학습선택권과 교권에 대한 논쟁으로 전환해 여전히 진행형이다.

모처럼 교육문제로 논쟁이 다양하게 이루어지고 있는 것은 바람직하다고 할 수 있다. 그러나 아쉬운 점은 교육정책을 총괄하는 시교육청이 논쟁을 주도하기보다 끌려 다니는 듯한 수동적이고 갈팡질팡하는 모습을 보여 참 안타깝다.

작년의 10개 학력향상선도학교 지정과정에서도 학력이 꼴찌라는 여론에 밀려 시장과 교육감이 서둘러 협약을 맺고 초기에 '10대 명문고 선정'이라는 요란한 용어로 밀어붙이다가 여론의 뭇매를 맞고 결국 '학력향상선도학교'로 슬그머니 정리됐다. 올해 진행 중인 학원시간 단축의 문제 역시 시교육청의 교육정책에서 나온 것이라기보다 교육과학기술부의 압박에 밀려 추진하는 것으로 보인다.

시교육청이 '학원 설립·운영 및 과외교습에 관한 조례'에서 '학교교과교습학원 교습시간'에 관한 조항을 신설한 것은 2008년 2월25일이다. 이 때 중·고교는 밤 12시, 초등학교는 10시로 규정됐다.

이로부터 불과 2년이 지난 2010년

3월 교습시간 조정을 골자로 한 조례개정안(중·고 밤 10시, 초등 밤 8시)을 상정했다가 보류됐다 다시 6대 시의회 교육상임위에 2010년 12월에 상정했다가 또다시 보류됐으며 이번 2011년 6월 재상정되어 교육상임위원회에선 수정안(초등 밤 9시, 중등 10시, 고등 11시)이 통과됐으나 결국 본회의에서 보류되고 말았다.

이번에 시교육청의 개정안 발의취지는 학생들의 건강권과 수면권, 그리고 사교육비 절감이라는 명분이다.

그렇다면 2008년 2월 학원교습시간을 새로 제정할 당시에는 학생들의 건강권과 수면권에 문제가 없다가 갑자기 생긴 것인가.

본 의원이 지난해 9월30일 교육에 대한 시정질의에서 '야간자율학습 강제시행'의 문제를 지적하자 "집단적 자율학습은 수요자의 요구를 충분히 파악하고 학생희망에 대해 학습동기를 고양시키고 학습여건을 충분히 조성해서 실시될 수 있도록 지도하겠습니다"라 답변했다. 그러나 실제 교육현장에 야간자율학습을 학생들이 원하지 않으면 강제적으로 실시하지 말라고 공문을 보낸 것은 올해 3월 중순이었다. 6개월이 지나 일선학교 현장에 공문을 보낸 것은 야간자율학습의 문제를 진정 해결하려는 모습보다는 학원교습시간 조정개정안을 다시 제출하기 위한 명분쌓기로 보인다.

인천에서 1975년도에 고교평준화가 시행됐고 1976년도에 인천의 고등학교에 입학한 본의원의 고교 1학년 때부터 야간자율학습이 처음 시행되었으니 벌써 35년이 된 오래된 교육정책이라 할 수 있다. 그러나 야간강제자율학습은 소품종 다량생산의 지식정보화시대인 21세기 교육방식으로는 결코 적절치 않은 방식이다. 그럼에도 교육을 위해선 교권과 일정한 강제성이 필요하다는 명분으로 야간자율학습은 일정부분 불가피한 것으로 생각하는 모습에서 전국 학력 꼴찌라는 오명에서 벗어날 길 없는 인천시 교육자 출신의 시교육청의 교육지책을 보는 듯해 씁쓸하다.

일부 의원들이 학습선택권 보장에 관한 조례제정을 추진하는 것은 야간 강제 자율학습의 문제를 어떻게든 해결해 보려고 하는 취지로 충분히 동의할 수 있는 문제이다. 다만 서울과 경기도처럼 학습선택권을 넘어 학생인권조례 등 좀더 포괄적이고 근본적인 조례를 만들어야 되지 않을까 하는 의견이다.

작금의 교육논쟁이 교직생활을 한 경험이 있는 교육자와 교육경험을 한편으로 하고 교직경험이 없는 일반 시의원들과의 소모적 논쟁이 되지 않기를 진심으로 바란다. 21세기 인천교육의 패러다임 변화를 위한 생산적인 논쟁과 결과를 도출할 지혜를 모으기 위해 무엇을 할 것인가 깊게 고민해 본다.

(22.7×17.9)cm

---

한 수동적이고 갈팡질팡하는 모습을 보여 참 안타깝다.

작년의 10개 학력향상선도학교 지정과정에서도 학력이 꼴찌라는 여론에 밀려 시장과 교육감이 서둘러 협약을 맺고 초기에 '10대 명문고 선정'이라는 요란한 용어로 밀어붙이다가 여론의 뭇매를 맞고 결국 '학력향상선도학교'로 슬그머니 정리됐다. 올해 진행 중인 학원시간 단축의 문제 역시 시교육청의 교육정책에서 나온 것이라기보다 교육과학기술부의 압박에 밀려 추진하는 것으로 보인다. ……

인천에서 1975년도에 고교평준화가 시행됐고 1976년도에 인천의 고등학교에 입학한 본의원의 고교 1학년 때부터 야간자율학습이 처음 시행되었으니 벌써 35년이 된 오래된 교육정책이라 할 수 있다. 그러나 야간강제자율학습은 소품종 다량생산의 지식정보화시대인 21세기 교육방식으론 결코 적절치 않은 방식이다. 그럼에도 교육을 위해선 교권과 일정한 강제성이 필요하다는 명분으로 야간자율학습은 일정부분 불가피한 것으로 생각하는 모습에서 전국 학력 꼴찌라는 오명에서 벗어날 길 없는 인천시 교육자 출신과 시교육청의 고육지책을 보는 듯해 씁쓸하다.

일부 의원들이 학습선택권 보장에 관한 조례제정을 추진하는 것은 야간 강제 자율학습의 문제를 어떻게든 해결해 보려고 하는 취지로 충분히 동의할 수 있는 문제이다. 다만 서울과 경기도처럼 학습선택권을 넘어 학생인권조례 등 좀 더 포괄적이고 근본적인 조례를 만들어야 되지 않을까 하는 의견이다. ……

21세기 인천교육의 패러다임 변화를 이끌어내는 생산적인 논쟁을 이어가고, 결과를 도출할 지혜를 모아야 합니다. 그러기 위해서는 시와 시교육청, 시의회는 물론 학생과 학부모, 지역시민사회가 함께 머리를 맞대고 지혜를 모으는 것부터 시작해야 합니다.

'사람이 책을 만들고 책이 사람을 만든다'는 말이 있습니다.

책에 담긴 내용과 책을 읽는 문화가 그 만큼 인성 형성에 중요하다는 의미입니다.

그런데 지방정부들 중에는 좋은 책을 만들고 널리 읽히도록 하는 것보다 도서관 건물을 더 크게 더 많이 짓는 데만 몰두해온 곳들도 분명 있습니다.

지자체들이 막대한 예산을 들여 공공도서관을 짓고도 운영에 대한 뚜렷한 대안이 없거나 비전문기관에게 위탁하는 사례가 적지 않습니다. 이는 시민의 문화향수권과 평생교육에 관한 권리증진에는 관심 없이 자치단체장이 보여주기식 행정을 한 것으로 볼 수밖에 없습니다.

그래서 도서관재단의 설립 필요성을 제기했고 2011년 3월 14일 〈인천일보〉에 '인천시 도서관재단 필요'란 제목의 칼럼을 기고했습니다.

문제는 2000년대 후반에 급속하게 도서관 숫자가 늘어나고 시민들의 참여율이 높아졌지만 인천시의 도서관에 관한 정책이 부재했다는 것이다. 전국 16개 시·도 중 도서관 순위(2010년말 11위)와 1인당 도서보급률(2010년 15위)이라는 순위에 쫓겨 도서관 수 늘리기에만 주력했지 시민들에게 건강한 도서관 공공서비스 제고라는 소프트웨어 구축에는 게을리 한 것으로 보인다.

인천시가 짓고도 교육청에 위탁한 도서관이 3군데이고 인천문화재단에 위탁한 곳이 3군데이며 시가 직영하는 곳은 미추홀도서관 한 곳 뿐이다. 기초자치단체도 사정은 비슷하다. 남구·연수구·강화군·옹진군은 직영을 하지만 대부분 사서직 1명에 행정직 1명의 인력이 배치돼 있다. 심지어 옹진군 도서관은 사서도 없이 행정직 1명만 배치돼 있다. 서구는 서구시설관리공단에 3곳 모두 위탁을 하고 있으며, 계양구는 3곳을 계양농협·계양경영자협회·부평제일교회에게 각각 위탁을 주었으며, 남동구는 도림도서관을 (사)성심가정상담연구원에 위탁했다. 위탁받은 기관이 도서관을 잘 운영할 것이라는 기대와 신뢰를 전혀 가질 수가 없다.……

최근 인천시가 인천문화재단에 위탁한 도서관 3곳의 계약기간이 만료돼 새로운 운영방식을 놓고 의견이 분분한 것으로 알고 있다. 인천시의회 문화복지위원회는 사단법인 인천시도서관협회 설립을 주요한 내용으로 한 '인천광역시 공공도서관 육성과 운영에 관한 조례 일부개정안'을 3월15일 심의해 결정할 예정이다. '직영이냐 위탁운영이냐'라는 이분법적 논리보다는 인천시민의 문화향수권의 차원에서 논의돼야 한다고 생각한다. 도서관의 인력을 모두 공무원화해서 직영하자는 의견이 일면 타당하

## 자치현장

강병수
인천시의원

(2010년말 11위)와 1인당 도서보급률(2010년 15위)이라는 순위에 쫓겨 도서관 수 늘리기에만 주력했지 시민들에게 건강한 도서관 공공서비스 제고라는 소프트웨어 구축에는 게을리한 것으로 보인다.

인천시가 짓고도 교육청에 위탁한 도서관이 3군데이고 인천문화재단에

서관을 잘 운영할 것이라는 기대와 신뢰를 전혀 가질 수가 없다.

막대한 예산을 들여 공공도서관을 앞다투어 짓고도 운영에 대한 뚜렷한 대안이 없거나 비전문기관에게 위탁한다면 인천시민의 문화향수권과 평생교육에 관한 권리증진에는 관심이 없이 자치단체장이 보여주기

### '인천시 도서관재단' 필요

2010년말 인천시 도서관은 공립공공도서관이 28곳이고 군·구에서 운영하는 작은 도서관 28곳과 개인과 단체가 운영하는 작은 도서관 및 문고가 145곳으로 약 200여 곳이 된다. 또 2013년도까지 공립공공도서관 32곳과 구립 작은 도서관 32곳을 더 짓겠다고 하니 문화도시 인천을 위해 반가운 일이 아닐 수 없다.

문제는 2000년대 후반에 급속하게 도서관 숫자가 늘어나고 시민들의 참여율이 높아졌지만 인천시의 도서관에 관한 정책이 부재하다는 것이다. 전국 16개 시·도 중 도서관 순위

위탁한 곳이 3군데이며 시가 직영하는 곳은 미추홀도서관 한 곳뿐이다. 기초자치단체도 사정은 비슷하다. 남구·연수구·강화군·옹진군은 직영을 하지만 대부분 사서직 1명에 행정직 1명의 인력이 배치돼 있다. 심지어 옹진군 도서관은 사서도 없이 행정직 1명만 배치돼 있다. 서구는 서구 시설관리공단에 3곳 모두 위탁을 하고 있으며, 계양구는 3곳을 계양농협·계양경영자협회·부평제일교회에게 각각 위탁을 주었으며, 남동구는 도림도서관을 (사)성심가정상담연구원에 위탁했다. 위탁받은 기관이 도

식 행정을 한 것으로 볼 수밖에 없다.

최근 인천시가 인천문화재단에 위탁한 도서관 3곳의 계약기간이 만료돼 새로운 운영방식을 놓고 의견이 분분한 것으로 알고 있다. 인천시의회 문화복지위원회는 사단법인 인천시도서관협회 설립을 주요한 내용으로 한 '인천광역시 공공도서관 육성과 운영에 관한 조례 일부개정안'을 3월15일 심의해 결정할 예정이다. '직영이냐 위탁운영이냐'라는 이분법적 논리보다는 인천시민의 문화향수권의 차원에서 논의돼야 한다고 생각한다. 도서관의 인력을 모두 공

무원화해서 직영하자는 의견이 일면 타당하지만 현재 문제가 되는 3곳의 도서관 인력만이 아니라 군구의 위탁도서관 인력과 향후 더 지어질 도서관 인력문제까지 생각하면 바른 해법이 아닐 수 있다. 인천시가 사단법인 인천시 도서관협회를 만들어 위탁하는 것 역시 임시방편적 요소가 있다.

종합적인 도서관 정책 수립, 시민편의 제고를 위한 다양한 서비스 방식의 개발, 도서관 종사자들의 안정적인 고용과 교육, 민간의 작은 도서관 지원책 마련 등을 위해 '인천시 도서관재단'이 필요하다고 생각한다.

인천문화재단처럼 공공도서관 시설을 출연하고 기금도 1천억원 수준으로 단계적으로 출연해 전문적으로 도서관 관련 업무에만 집중할 수 있는 기관이 필요할 때가 되었다. 복지재단과 의료관재단 못지않게 우리 아이들의 미래를 위해 중요하고 시급한 일이라 생각한다. 도서관 정책을 위한 위와 같은 청사진 없이 이번 논쟁의 건설적 해결은 어려울 듯 싶다. 인천시민의 지혜가 절실히 필요한 때이다.

(22.8·14.4)cm

---

지만 현재 문제가 되는 3곳의 도서관 인력만이 아니라 군구의 위탁도서관 인력과 향후 더 지어질 도서관 인력문제까지 생각하면 바른 해법이 아닐 수 있다. 인천시가 사단법인 인천시 도서관협회를 만들어 위탁하는 것 역시 임시방편적 요소가 있다.……

인천시에는 공공도서관 시설과 운영 기금을 출연해 전문적으로 도서관 관련 업무에만 집중할 수 있는 기관이 필요합니다.

이 글에서 인천시 도서관재단이 필요한 이유로 △종합적인 도서관 정책 수립, △시민 편의 제고를 위한 다양한 서비스 방식의 개발, △도서관 종사자들의 안정적인 고용과 교육, △민간의 작은 도서관 지원책 마련 등을 꼽았습니다.

# 사진으로 보는
# 의정활동

어르신 발을 직접 씻겨 드리는 강병수 의원

소외된 이웃을 찾아가는 '미추홀 산타'로 변신

시의회 본회의장에 인천시장과 마주선 강병수 의원

실내무도아시아경기대회 성화 봉송 (2013년 6월 29일)

공사 현장 시찰 (2012년 4월 17일)

'책의수도도시' 유치 감사패를 받고 송영길 시장과 함께

인천시 작은도서관 활성화 방안 모색을 위한 토론회

# **사진**으로 보는
# **의정**활동

'아이들이 가고 싶은 학교 만들기' 학교운영위원 간담회 주최

몽골 사막화를 막기 위해 현지를 방문해 '인천숲' 나무 심기

친환경 무상급식 지원 조례 제정 관련 공청회

송영길 인천시장을 상대로 시정질의를 하는 모습

'사랑 나눔 빨간 밥차' 봉사활동 (2011년 3월 24일)

인천 중증 장애인 자립생활 조례제정을 위한 토론회

# 주민들 요구를
# 예산에 제대로 반영하기

인천시와 교육청의 정책 방향을 제대로 읽으려면 이들 기관이 어떤 사업에 얼마만큼의 예산을 투입하는지 살펴보면 됩니다.

홍보는 떠들썩하게 해놓고 그 분야에 예산을 제대로 편성하지 않았다면 사업 의지를 의심할 수밖에 없습니다. 일이 제대로 될 리가 없습니다. 반대로 특정 사업에 과도한 예산을 책정했다면 금액을 삭감해 이 돈이 꼭 필요한 다른 사업에 쓰이도록 조정해야 합니다. 시의회의 예산 심사가 그만큼 중요한 것입니다.

강병수 의원은 주민참여예산제가 제대로 실현될 수 있도록 5000만 원 범위 내에서 동별 자율예산을 편성해 운영할 것을 인천시장에게 적극 제안했습니다.

주민참여예산제의 취지에 맞게 주민들이 자기 동네에 필요한 사업을 기획하고 그에 필요한 예산을 직접 수립할 수 있도록 해보자는 것입니다. 그는 '시민들이 낸 세금으로 충당되는 시 재정을 어디에 얼마나 사용할 것인지에 대해 시민들이 직접 결정할 수 있는 권한을 더욱 확대해야 한다'고 믿습니다.

인천시에 어떤 사업이 필요하고, 00동에 얼마의 재정이 투입되면 좋겠다는 생각이 떠오를 때 강병수 의원을 활용하세요. 주민들 편에서 사업 계획을 세우고 예산을 수립하는 친절한 동반자가 되어 드릴 것입니다.

**〈강병수 의원 활용법〉**은 저자가 아니라 편집자가 독자들에게 드리는 일종의 팁입니다. 인천시민들이 강병수 의원을 더 많이, 더 잘 활용하기를 바라며 네 가지 사용법을 전해드립니다. – 편집자

# 3

## 강병수를 좋아하는 8가지 이유

# 강병수를 좋아하는
# 8가지 이유

# 내 친구,
# 인천의 친구 강병수

**이성만** (인천광역시의회 의장)

    강병수 의원을 처음 만난 것은 2009년 12월 '마을사람들'이라는 시민단체의 송년회 자리에서다. 깨끗한 귀족풍 얼굴에 게걸스럽게 막걸리를 마시면서 껄껄껄 크게 웃는 모습은 마치 처갓집을 찾은 사위처럼 당당해 보였다. 시민단체가 낯설었던 나로서는 '대체 저 사람은 뭐야' 하는 생각과 함께 부러운 시선을 보냈던 것이 사실이다. 그 자리에서 그는 시민단체 몫의 야권단일후보로 공천을 받아 인천시의원 선거에 나서겠다고 공언했고, 그런 모습을 보면서 나는 '나와는 부류가 다른 족속이구나.' 하는 생각을 했다.

    2010년 6.2 지방선거가 야권단일후보의 대대적 승리로 막을 내린 7월 인천시의회가 개원하던 날. 그 뽀얀 얼굴을 다시 보면서, 나는 선거 혁명을 위해 함께 뛰었던 동지로서의 동질감과 뭔가 나와는 다른 시민단체 출신의 이질감을 함께 느꼈다.

    그러나 얼마 지나지 않아 막걸리에 취한 강 의원을 만나게 되었고, 같은 79학번으로 인천에서 초·중·고 시절을 보냈으며, 정책 토론을 즐기는 나와 참으로 비슷한 부류라는 것을 알게 되면서부터는 그간의 이질감은 오간데 없는 절친이 되었다. 그 후 의회에서 발생하는 각종 현안은 물론 나의 의장 출마 건조차도 함께 상의하는 관계로 진화했다.

    처음에 우리는 심각한 인천시의 재정문제를 함께 분석하기로 의기투합

했다. 강 의원이 '지방재정건전화 특별위원회'를 발의했음에도 불구하고 내게 위원장을 권하여 특별위원장이 됐고, 재정 문제를 함께 분석하면서도 'G-타워(당시에는 I-타워)' 건립에 관해서는 서로 의견이 달라 밤새 논쟁하고 각자의 의견을 본회의장에서 피력하기도 했다. 이것을 시작으로 어린이집 문제, 생활문화, 부평구 갈산동 주변 용도변경, 조력발전, 굴업도 골프장, 초중고 기숙사 건립, 원도심 활성화 등 인천의 모든 현안을 해결하기 위해 노력하는 동반자이자 조력자가 되었다. 만약 강 의원이 없었다면 나의 의정 활동은 지금보다 훨씬 힘들었을 것이다.

6대 시의원 임기를 6개월 남겨둔 이 시점에서, 지금 나는 강병수가 어떤 사람인지, 인천지역사회에서 어떠한 의미를 가지는지 몇 가지 생각을 정리해 보고자 한다.

첫째로, 그는 다양한 의견이 분출되는 의회에서 의견을 종합하고 현실적인 대안을 만들어내는 용광로와 같은 존재라 할 수 있다.

그는 예결위원으로서 예산배정에 대한 의원들의 이해관계가 대립할 때마다 합의 가능한 절충안을 제시하여 순조로운 예산안 확정을 이끌어 내곤 했다. 최근에는 예결위가 결정한 내년도 예산안을 집행부가 동의하지 않는 긴박한 상황에서 절충안을 제시하여 전체 동의를 유도한 바도 있다. 각 사안별 의원들 간 대립이 발생할 때마다 강병수 의원은 의장인 나에게 이를 풀어가는 지혜를 제공해 주었던 것이다.

둘째, 다수의 의견 속에서도 소수자로서 꼭 살펴야 할 부분을 지적하는 소신과 용기를 보여 주었다.

올해 하반기 '새마을지원조례'를 결정하고자 할 때, 많은 의원들이 이에

동의하였던 상황에서 동 조례가 미칠 영향을 세밀히 분석하여 무분별하게 단체 지원조례가 확대되는 것을 예방하였던 것이다. 이로 인해 강 의원 본인은 '새마을지원조례'를 원천적으로 반대하는 의원으로 인식되어 새마을 단체 회원으로부터 저항을 받은 것도 사실이다. 또한 아직도 논란이 진행 중인 수돗물 불소화 사업에 대해서도 시민적 동의를 기초로 해야 한다는 소신 하에 시민여론 조사를 강력히 주장하기도 하였다.

셋째, 폭 넓은 문화적 이해를 기초로 '문화 인천'으로 가기 위한 인식을 확산시키는 등 문화전도사로서의 역할을 톡톡히 해내고 있다.

강 의원은 젊은 시절 '한겨레신문사'에서 근무하면서 주로 문화사업과 역사 분석 분야에 집중하였다. 문화와 역사에 조예가 남달랐던 그는 많은 의원들에게 문화의 의미를 설명하였고 함께 여행하면서 문화 체험을 유도해왔다. 2012년 초에는 강 의원의 제안으로 순천만 일대를 방문하면서 '낙안성읍'과 '조정래 기념관'도 둘러보았다. 그 때 성읍의 모양과 기능, 그리고 과거의 모습을 간직하면서도 현대인이 이에 적응하여 거주하게 되는 정책적 성공 예를 자세히 설명해 주었다. 최근에는 생활체육에 비견되는 생활문화정책을 역설하며, '소외되는 현대인'에서 '더불어 사는 인천인'으로의 발전을 위해 시민들의 자발적 문화 동아리 조직을 위한 제도적 장치를 만드는데 부심하고 있다. 이외에도 자본주의의 한계를 극복하는 방안의 하나로 '협동조합'과 '자활' 등을 연구하고 있으며, 전문가 초청 강연과 토론을 통해 여러 의원들의 참여를 이끌어내고 있다.

앞으로 나의 친구이자 동료이며, 멘토이면서 정책적 대립자인 강병수 의원이 어떠한 행적을 남길까 매우 궁금하지 않을 수 없다. 그러나 단언할 수

있는 한 마디는 그가 '우리 인천의 발전을 위해 없어서는 안 될 귀한 존재'
라는 것이다. 막걸리에 반쯤 취해 침을 탁탁 튀기며 떠들어대는 그 모습이
세련되지 못하더라도, 갑자기 껄껄껄 웃어젖혀 주위를 깜짝 놀라게 하더
라도……. 나는 계속 그의 친구이길 희망한다.

그리고 강병수 의원의 무궁한 발전을 기원한다.


강병수 의원의 동료 의원 이성만

# 내가 아는 **강병수**와
# 의원 **강병수**는 **동일인**이다

**전재환** (민주노총 인천지역본부장)

사람은 태어나면서부터 관계와 인연으로 얽힌다. 나를 낳아준 어머니와 아버지, 형제자매 등 혈족을 이어주는 무수한 이런 가족관계는 내가 원하는 것과 상관없이 형성된다. 사회적 동물이라 했던가, 사회생활을 통한 인연과 관계는 사회생활의 활동 반경에 의해 형성되어 진다. 전자는 본인의 의지와 관계없이 형성되어지고 후자는 본인의 의지에 따라 호불호의 선택이 가능해진다. 지속가능한 관계 유지는 반드시 수반 되는 조건이 있다. 그이에 대한 믿음과 신뢰, 상호간의 존중이다. 물론 내리사랑과 같은 조건 없는 관계도 있다, 그것은 매우 특별한 경우일 것이다.

나는 강병수 의원과의 관계에 대하여 조건의 충족을 만족한다. 오래 전에 알고 있던 강병수와 정치에 입문한 시의원 강병수가 다르지 않다는 것에 더 점수를 준다. 다시 말하면 한겨레신문사에서 일하며 노동자 민중들의 삶을 고민하던 강병수와 의회에서 일하며 노동자 민중들을 향한 열정이 변함없는 '의원 강병수'이기 때문이다,

누구와의 관계에서 어떠하다고 재단하고 꼬집어 내어 외부로 표출하는 것이 쉬운 일은 아니다. 함에도 나는 선뜻, 한국의 정치구조 지형과 풍토에서 결코 쉽지 않은 행보를 하고 있다는 것은 그만큼 본인의 초심이 흔들리

지 않는 곧은 사람이라고 평가하고 싶다.

　내가 이런 평가를 하는 몇 가지 근거 사례를 꼽아보면

　첫째로, 한 때 인천지역 최대 노동 현안 중 하나로 꼽혔던 한국지엠 비정규직 해고 문제에 대하여 강병수 의원은 열정을 다해 함께 해결하고자 다양한 노력을 하였다. 2010년 한국지엠 정문 앞 고공 농성장에 와서 함께 기자회견, 집회를 하며 비정규직 노동자들에게 힘을 주고, 의회에서 '한국지엠 비정규직 해고 노동자들의 원직복직과 사태 해결을 위한 결의안'을 채택하여 지엠 자본이 이 문제의 해결을 간과 할 수 없다는 쐐기를 박았다. 이런 강 의원의 활동과 지역사회의 관심에 힘입어 한국지엠은 복직을 약속했고, 비정규직 해고 노동자 전원은 이미 복직이 이루어졌다. 한국지엠 비정규직 해고 문제는 2007년으로 거슬러 올라간다. 당시 비정규직 노동자들은 GM대우자동차 비정규직 지회를 설립했고, 회사 측은 하청업체 폐업과 지회 간부 징계 해고를 단행했다. 이로 인해 다수의 해고자가 발생했고, 지회는 2007년 10월 30일부터 부평공장 서문 앞에서 천막농성을 시작했다. 부평구청 사거리 CCTV 관제탑 고공 농성을 벌였고, 천막 농성을 1192일 동안 진행했다. 특히 2010년 12월 복직을 요구하며 부평공장 정문 아치 위에서 고공 농성을 64일간 벌이면서 간접 고용 하청 노동자 문제의 심각성을 다시 한 번 우리 사회에 부각시켰다.

　둘째로, 최근 정부가 추진하고 있는 KTX 민영화 정책에 대해 강병수 의원은 'KTX 민영화 추진 중단 촉구 건의안'을 통해 민영화 정책 폐기에 앞장섰다. 중앙정부의 민영화 추진은 현재도 진행형이다. 강병수 의원은 "정부

는 대다수 국민과 여야 정치권 및 시민사회단체의 반대에도 불구하고 KTX
에 대한 민영화를 추진하고 있다"며 "이는 철도가 갖는 공공 운송 수단이라
는 측면을 외면한 채 재벌기업에게 특혜를 주기 위한 것"이라고 자신의 반
대 의사를 분명하게 표명하였다. 민영화 정책에 결국 서민들이 피해자가
될 수밖에 없는 사실에 입각하여 공공성의 가치를 지키기 위한 강병수의
원의 활동에 나는 공감한다.

　외에도 인천시민의 발인 삼화고속의 문제에, 강 의원은 시정질의를 통해
삼화고속 노동자들은 장시간 저임금을 감수하면서 참아내고 있으나 삼화
고속 사측의 여러 행태들이 삼화고속 운행의 파행을 초래하고 있다고 밝
혔다. 특히 삼화고속의 불법 감차운행 사실을 파헤치고 시민의 불편은 외

면한 채 이윤 챙기기에만 몰입하는 기업의 행태를 강도 높게 비판한 것은 시민의 입장에서 시민을 위한 의정활동이 돋보이는 대목이다.

　갈수록 심화되는 우리 사회의 양극화 현상, 그 맨 밑바닥의 문제 해결은 노동문제이다. 실업자의 문제, 최저임금제도, 갈수록 확대되는 비정규직 노동자의 문제 등에 대하여 우리사회가 더 많은 관심을 가져야 한다고 생각한다. 이런 점에서 노동문제에 대하여 강병수 의원의 변함없는 활동 기대도 나는 크게 가지고 있다.

　내가 예전 알고 있는 강병수와 의원 강병수는 동일한 인물이기 때문이다.

# '**혁신**과 **생성**'의 일꾼
# 강병수

**이 병** (한겨레신문사 컨텐츠비지니스위원회 위원장)

강병수 의원 하면 생각나는 것은 '일'이다.

그는 항상 '일'을 만들고 '일'을 키우고 그것을 바탕으로 새로운 '일'을 또 만들어 내는 쉼 없는 '일꾼'이다. 또한 그는 그냥 일꾼이 아니라 '세상을 바꾸는 일'에 자신을 불태우는 시대의 운동가이자 혁신가이다.

그의 인생은 한마디로 늘 구부러진 것을 바르게 하는 혁신(이노베이션), 없던 것을 있게 하는 생성의 세월에 심신을 얽어 왔다고 할 수 있다.

그를 처음 만난 건 1987년 겨울이었다.

그 당시 20대 중반을 갓 넘긴 그는 학생운동과 노동운동으로 두 번째 감옥을 갔다 막 출옥하여 '세상을 바꿀 새로운 일'을 찾고 있었다.

그러한 그에게 '자본과 권력으로부터 독립된 민주언론'인 〈한겨레신문〉을 만드는 것은 새로운 '일'이었던 것이다. 그는 〈한겨레신문〉 인천후원회 사무국장으로 창간기금 모집에 열정적으로 일하였으며 지역도시에서는 가장 많은 성금을 모금하는 성과를 일구었다.

이 인연이 출발이 되어 강병수 의원은 1988년 5월 〈한겨레신문〉 창간 이후 창간지국장(부평)과 〈월간 말〉지 총무부장 등 민주언론을 세우는 일에 본격적으로 투신하게 된다.

그의 그런 능력과 경험을 눈여겨보던 저는 한겨레신문사에서 한겨레문화센터를 설립하려 할 때 그를 실무책임자로 불러들였다.

1993년 10월 문화센터 설립 추진 책임자와 상사로 만난 강병수 의원과 저와의 한겨레 인연은 그가 한겨레를 퇴직하고 인천시 시의원으로 출마할 2010년 2월말까지 17년 가까이 계속 된다. 그의 30대와 40대를 같이 한 선후배 사이였으니 그가 해온 일과 인생에 대해 가감 없이 실체적 평가를 할 수 있다고 할 것이다.

그가 한겨레에서 펼친 첫 일인 한겨레문화센터 설립은 한겨레에서는 중요한 의미를 가졌다. 한겨레 내부에서는 신문 이외의 새로운 사업분야를 개척하는 첫 시도였으며, 중앙일보와 동아일보 등 기존 신문사 문화센터와 강좌 내용의 차별화와 함께 새로운 수익을 창출하여 어려운 한겨레 경영형편에 재정적 도움을 주어야 하는 과제가 동시에 놓여 있었다.[1]

그가 잡은 한겨레문화센터의 사업 표제는 '멀티미디어 교육의 산실, 한겨레문화센터'로 사진, 출판, 만화, 애니메이션, 영화에 관련된 새로운 강좌가 기획 되었으며, 결과는 대성공이었다.

신촌에 임대 건물 한 층을 빌려 시작하였으나 시내 중심가에 대규모 빌딩을 갖고 있던 중앙, 동아에서 찾아 볼 수 없는 새로운 영역과 심화된 콘텐츠를 창출하였다. 강좌 중에는 대학에서도 관련 분야의 강의가 전문화되

---

1) 1988년 5월 15일 창간된 한겨레신문은 1975년 동아일보와 조선일보에서 박정희 군사독재정권의 폭압적 통치 속에서도 민주언론투쟁을 펼치다 해직된 기자들이 중심이 되어 국민주신문으로 창간되었으며, 창간 자체가 세계언론사에 새로운 역사가 되었다.
국민들의 반응도 폭발적이어서 창간 첫해부터 한겨레신문은 중앙일간지로서 확고한 위상을 차지하였다. 그러함에도 불구하고 권위주의적 보수 정권이 계속 집권하고 있는 국내 정치경제적 상황에서 진보적 논조의 한겨레신문의 광고 수입은 기존 조중동 등 기존 신문과는 엄청난 차이가 있었다. 광고의 대부분이 대기업 광고였으나 그 당시 한겨레에 광고를 많이 하는 대기업은 별반 없었다. 따라서 한겨레신문은 재정 형편이 어려웠고, 급여 수준도 타 언론사에 절반 이하에 머무를 정도였다. 독자 수가 50만이나 되었으나 전체 손익은 항상 적자를 벗어나기 어려운 상태였던 것이다.
새로운 수입원 확보를 위해 신규 사업을 펼쳐야 할 사유가 여기에 있었으며, 제일 먼저 문화센터를 설립키로 결정하였다. 그 배경에는 문화센터가 한겨레의 사회문화적 지향과 영향력 확대에도 기여할 수 있다고 보았기 때문이다.

지 않은 부분들도 많아 영화, 만화, 애니메이션 부분에는 대학생과 전공자들이 쇄도하였다. 강좌를 수료한 적지 않은 인원이 문화센터 강좌를 계기로 문화콘텐츠업계에 진출하여 현재 활발하게 활동하고 있다.

손익 측면에서도 94년 3월에 개강하여 10개월 간 사업을 벌이 첫 해 매출이 5억 원에 이익만 2억 원을 상회하였다. 한마디로 대박이었던 것이다.

문화센터 설립 과정에서 보인 그의 모습은 일에 빠져있는 워커홀릭 그 자체였다. 든든한 배짱과 체력을 바탕으로 쉼 없이 일과 성과를 확대해 갔다.

그래서 무리가 왔던가. 97년 3월 그는 위암 3기 판정을 받고 수술과 항암 치료를 받는 시련의 시기를 겪었다. 그 때에도 그는 수술 기간 4개월 동안만 휴직하고 바로 문화센터에 출근해 전과 같이 업무를 계속하였다. 일에 집중하면서 치유하는 것이 암을 극복하는데 더 나을 것 같다는 그의 의지의 소산이었다.

복귀한 날 항암 치료로 바짝 마른 몸에 머리털이 다 빠져 야구모자를 쓰고 활짝 웃으면서 출근한 그의 모습이 아직도 제 기억에 인상적으로 남아 있다. 그후 5년 후 완치 통보를 받고 그와 함께 기쁨의 막걸리를 한껏 같이 할 수 있었다. '일'이 그를 다시 살려냈다고 할까.

그가 그렇게 첫 뿌리를 튼실하게 내리는데 기여한 한겨레문화센터는 현재 '한겨레교육'이란 한겨레의 자회사로 성장하여 교육 콘텐츠 분야의 전문업체로 발전해 나가고 있다.

그 후 그는 한겨레에서 총무부장, 경영기획부장, 판매기획부장, 문화사업부장, 교육사업단장, 사업국 부국장으로 여러 일과 관련된 주요 직책을 수행하였다. 조직 전체를 조망하는 최고 경영자로서 자질을 육성할 수 있는 소중한 시기가 되었을 것이다. 이 과정은 그가 인천시의원으로 현장을 꿰뚫는 실무적 역량뿐만 아니라 정치적 경륜과 통찰력을 갖춘 시의원으로 발돋움하는데 자양분이 되었을 것이다.

한겨레에서 함께 지내면서 그가 저에게 계속 언급한 것은 문화센터 성공 이상으로 한겨레의 미래에 큰 기반이 될 성과를 일구는 것이었다. 그런 성과를 한겨레에 남긴 연후에 마음 편히 인천에서 지역을 위한 제 2의 인생을 살아갈 수 있다면 좋겠다는 포부를 밝히곤 하였다.

그런 그가 앞장서서 추진하였던 일이 2007년 초부터 1년여 추진하였던 한겨레 제 2사옥 건립사업이었다. 그 때 보여준 그의 일에 대한 집중력과 추진력은 남달랐고 '일'을 낼 상황이었다.

이 사업은 상암동 디지털미디어씨티(상암디엠씨)에 한겨레를 중심으로 하는 디지털미디어기업 컨소시엄이 사옥부지를 분양받아 사옥을 건립하는 일이었다. 그는 한겨레 발전을 위해선 재정기반의 확충이 절실히 필요한데 디엠씨에 제 2사옥을 건립하여 수백 억 원의 자본적 수익을 얻는 것이 좋은 방법이라 판단하였다. 총투자 2,500억 원이 소요되는 이 사업을 제안한 그는 전반적인 기초조사와 전문 컨설턴트 회사의 선정, 컨소시엄 참여 기업의 확보, 재무적 투자자의 확보 등을 거의 전적으로 혼자 맡아 짧은 기간에 사업계획서를 완성하여 서울시에 제출하였다.

그가 선정한 대상 부지는 분양부지 중에서 가장 인기가 높은 부지(현 CJ 그룹 엠넷 사옥)였고 경쟁이 치열하였다.

많은 업체들이 경쟁하였으나 디지털미디어 중심의 기업들의 결합도를 중심으로 판단하는 심사기준에서 한겨레 컨소시엄은 CJ그룹의 엠넷 컨소시엄과 복수로 최종 선정되었다.

방송, 영화, 음악, 공연, 게임 등 디지털콘텐츠 관련기업을 망라하고 있는 엠넷 컨소시엄과 한겨레문화센터와 영상주간지 〈씨네21〉 정도를 갖고 있는 한겨레 컨소시엄은 그 자체로는 경쟁이 안 되었다. 자기자본조달 능력에서는 100대 1이나 될 정도로 상대가 안 되었다. 그런 가운데 한겨레가 최종 심사에 오를 수 있었던 것은 같이 할 기업들의 구성이 매우 좋았기 때문이라는 심사위원들의 평가였다.

이것은 온전히 강병수 당시 사업국 부국장의 기획력과 섭외력에 의존한 것이었다.

서울시에서는 두 컨소시엄이 워낙 구성이 좋으니 두 컨소시엄이 상호 협의하여 최종 선정자를 자율적으로 선정하면 양보한 컨소시엄에도 옆 부지를 배정하겠다는 의견이었다.

이 사업은 결과적으론 한겨레에 닥친 유동성 위기로 한겨레가 사업을 철회함에 따라 무산되었다. 강 부국장과 국장인 저는 아쉬움이 컸지만 회사 전체가 구조 조정을 해야 하는 위기라 불가피한 선택이었다.

지금도 상암동을 지날 때마다 엠넷 사옥을 보면 아쉬움과 함께 강 의원의 '일'에 대한 집념을 떠올린다.


일에 대한 그의 관심은 한겨레 업무를 추진하는 과정에서 연결되었던 외부단체와 민주시민사회, 인천지역의 새로운 일을 생성하는 것으로 이어졌다. 생태유아공동체, 대안교육, 녹색운동, 협동조합 관련된 일들이 그것이다. 이 모두 시대적 가치를 새롭게 생성하여 세상을 바꾸는 일과 관련된 것들이며, 강 의원의 생애적 지향과 맥을 같이 하는 것이었다.

그런 그가 2010년 2월 자신의 지역터전인 인천 부평구에서 시의원으로 당선되어, 그의 오랜 희원인 지역에 헌신하는 새로운 삶과 일을 짊어지었다. 이 또한 그가 일을 통해 지역을 바꾸는 '혁신과 생성'의 인생을 생애적으로 실천하고자 하는 것이라 생각된다.

종종 인천의 정관계, 시민사회, 문화복지계 등에서 들려오는 강병수 의원에 대한 높은 평가는 그가 지역과 시정을 통해 '세상을 바꾸는 일'을 천직으로 삼고 헌신하고 있음을 입증하고 있다.

앞으로 그가 지역구민과 인천시민과 함께 세상을 바꾸는 일에 즐겁게 헌신하는 세월이 지속될 것이라 기대하며, 그런 세월이 깊어지면 지역구민과 인천시민을 위한 '일'을 크게 진작시켜 정녕 인천시민의 '일꾼'임을 경륜할 시기가 올 것이라 확신한다. 그의 건투와 주변의 성원을 기대한다.

# 일하는 여성을 위해
# 강병수 의원을 더 사용하고 싶다

**나지현** (전국여성노동조합 인천지부장)

내가 강병수 의원을 처음 알게 된 것은 지난 2010년 지방선거 야권후보 단일화 과정이었다. 그때 이름을 처음 들었고, 선거 후에 지역의 장학금 수여식에서 처음 만났을 때는 시의원 중에 한 사람이거니 생각했다. 단일화로 당선되었다고는 하지만 소수정당이기도 하였고 어떤 일을 할 수 있을지에 대한 기대도 별로 없었다. 그러나 지역의 여러 뜻 깊은 자리에서 강병수 의원을 자주 만나게 되었고 그저 시의원 중의 한 사람이 아니라 더 쓸모 있는 시의원이라는 생각이 들게 되었고, 나도 좀 '사용'해볼까 하는 생각이 들기 시작했다.

전국여성노동조합 인천지부는 1999년부터 인천의 비정규직 여성 노동자들을 조직해온 노동조합이다. 비정규직 여성들은 노동자들 중에서도 임금도 적고 고용불안도 크며 억울한 일을 당할 일이 많은 노동자들이다. 그래서 더욱 더 지역사회의 관심과 보호가 절실한 사람들이다.

많은 비정규직 중에서 전국여성노조는 2002년부터 학교비정규직을 조직해 왔다. 학교비정규직 노동자들은 전국의 초중고등학교에서 조리실, 과학실험실, 행정실 등 다양한 곳에서 학교가 제대로 운영되도록 일하는 꼭 필요한 노동자이지만 비정규직이어서 해마다 학기가 시작될 때면 고용불안에 시달리고 임금도 최저임금 수준으로 1년이 되도 10년이 되도 같은 임금을 받는 우리나라 공공부문의 가장 숫자가 많고 93%가 여성인 대표적인 비정규직 여성의 직종이다. 인천에도 1만여 명이 넘는 학교비정규직 여성노동자가 일하고 있다. 이들은 사실상 교육부와 지역교육청에 의해 근로조건이 정해지고 직종도 정해지고 있는 데도 학교별로 계약이 되어 억울한 일이 생겨도 학교라는 사회의 특성상 교장선생님과 행정실과 대립하기 싫어서 나쁜 근로조건을 감수하고 살아왔다. 그래서 개별 학교가 아닌 교육청과 계약해서 문제를 해결하기를 원하고 이미 전국의 많은 지역에서는 교육감과 직접고용하는 조례가 제정되어 고용불안의 근심을 한결 덜어낸 상태이다. 현재 인천에서도 학교비정규직연대회의라는 이름으로 학교비정규직을 조직하는 3개 노조가 단일화하여 교육청과 교섭을 벌이고 있지만 아직 인천교육청의 무성의한 태도 때문에 근로조건 개선이나 직접고용이 이루어지지 않고 있는 상황이다. 2011년 당시 교육위원이던 강병수 의원은 학교비정규직의 고용실태를 다루는 각종 토론회와 간담회에 성실하게 적극적으로 참여하고 진심으로 관심을 보이고 문제를 해결하고 싶어 했다.

그러한 관심은 2012년 학교비정규직의 직고용과 처우개선의 염원을 담은 '인천광역시교육청 공무원이 아닌 근로자 채용 및 관리 조례안'을 대표 발의하는 데까지 이르렀다. 당시 상임위가 교육위원회였던 강병수의원은 그 후 상임위가 바뀌었어도 계속 관심을 갖고 교육청과의 대화와 학교비정규직을 조직하는 노동조합과의 대화를 계속하였으나 다른 교육위원들의 무시와 교육청의 반대로 조례안은 계속 계류 중인 상태로 진척이 없다.

강병수 의원의 상임위가 계속 교육위원회였다면 좀 다르지 않았을까 하는 아쉬움을 가지고 있다.

그래서 우리는 강병수 의원을 더 좀 사용하고 싶다. 인천에서도 다른 지역에 뒤지지 않게 조례를 통과시키고 여태까지 서러움 속에 학교에서 유령 취급을 받아온 학교비정규직 여성노동자들이 고용안정과 제대로 된 처우개선을 이루어 내는데 더 역할을 해달라고 요청한다. 강병수 의원의 의정활동을 보면서 한 사람의 잘 키운 시의원이 얼마나 많은 일을 할 수 있는지 보게 되었으므로 아직 너무나 필요한 사람이라는 생각과 좀 덜 썼다는 아쉬움을 갖고 있다.

인천지역은 여성실업률이 전국 최고이다. 비정규직도 보호하고 새로 만드는 일자리를 좋은 일자리로 만드는데 지혜를 모으고 현장의 소리를 직접 듣고 발로 뛰는 사람이 필요하다.  인천의 많은 일하는 여성을 위해 강병수 의원을 더 확실하게 사용하고 싶다.

# 세상 **사람들을** 위해
# **최선**을 다하는 '**나의 벗**'

친구 **신석환** (대한제분 생산부장)


강병수!

이 친구는 나의 오랜 벗이다, 나의 고교동창이며, 나는 이 친구 장가갈 때 함지기의 일원이었고, 용일초등학교 뒤에 신방을 꾸렸다는 말을 듣고, 좁은 아파트로 라면 한 박스 어깨에 메고 들이닥쳤고, 얼마 있다 데모하다 붙잡혀 수감되었을 때, 면회 한번 안 가면서도 그 당시 철부지인 나는 그의 고난을 나름대로 아리송하게 여겼고, 세월이 지나 신촌사거리 근방 '한겨레 문화센터'에서 일할 때, 그 곳을 운영하는 이야기와 교육 프로그램에 관한 다방면의 사람들과의 이야기로 활기차고, 생기에 넘친 그를 보면서 괜히 부럽기도 했다. 그러다가 세월이 지나 한겨레를 그만두고 시의원에 출마하겠다는 그를 보고, 몹시 걱정이 됐다.

당선 가능성이 낮은데? 잘 다니던 직장도 그만두고? 과거 위암을 앓아 몸도 성하지 않는데? 50줄이 넘어 무모한 게 분명한데? 왜? 왜?……


그러나 예상 밖 선전으로 지방선거에서 압도적 표차로 당선되었고, '시의원'이란 직함을 지닌 그는, 만나기만 하면 언제나 인천시정이야기, 인천의 교육문제 이야기, 자기 지역의 사람들 이야기들로 이전의 그 사람이 아니듯 홀린 듯 열변을 토하는 '충직한 공무원'으로 어느새 말끔히 변모한 '강병수'를 보면서 속으로 놀라기도 하고 기쁘기도 했다.

우리 고교 동창모임은 6~7명 정도로 일 년에 서너 번 정도로 드물게 만난다.

모임 중에 일원이지만 그 중에서 가장 색다르고, 고생되는 일만 골라서 하는 이 친구가 가장 화제였고, 문젯거리였다. 가끔 모이지만 우리나라 사람들이 분열되어 있듯이 여기도 서로 분열되어서 만나면 언제나 정치적 이슈나 사회적 입장차에 의해서 목소리 톤이 서서히 높아지면 그때그때 중재자가 나서서 분위기 전환하곤 했다.

과거의 기억으로 가장 심할 때는 역시 '승천하지 못한 용!' 노무현 대통령에 대한 이야기이다. 그래서 한때 사람들의 성향을 가장 쉽게 알아볼 수 있는 '가늠자'였다. 지극히 좋아하는 사람들과 죽도록 증오하는 사람들이 섞여 있던 우리 국민들과 나의 친구들과는 별반 다르지는 않았다. 지금은 이 세상을 떠난 분이라 먼 곳에서 쉬고 있는데도, 지금 이 순간까지 남아 있는 사람들에게 너무도 가깝게 있어 막대한 영향력을 끼치는 그분, 참으로 대단하다.

그의 원동력은 한마디로 '진실한 사람'이란 이유라 감히 단언한다.

앞으로도 이 분의 영향력은 우리나라사회 속에서 계속 파급될 것이라 생각한다. 왜냐하면 우리사회가 가장 부족한 것이 '진실함'이기에…….

강병수!

이 친구는 나의 오랜 벗이다. 정확히 표현하자면 뜻을 같이하는 동지(同志)로는 비슷하긴 한데 전부는 아닌 듯싶다. 그러나 심리학 용어로 '투사(投

射)란 색안경을 벗으려 애쓰더라도, 내 속의 심정상 관념상 각인된 모습은 '강병수는 세상 사람들을 위해 최선을 다하는 이'다.

사람들은 '본질'이나 '실체'를 있는 그대로 보기는 불가능하다. 그래서 세상 사람들은 끊임없이 서로 다른 '생각'을 품고, 표출하면서 이러쿵저러쿵 논쟁 속으로 휘말리게 된다. 물론 생각을 잠재우고 있는 그대로의 진실을 보는 자가 있다면 그는 분명히 '여래(如來)'라 불릴 것이다.

우리나라 사람들, 우리나라 문화의 장구한 통념(通念)속에 한 인물의 평가는 그의 행적이 기록되고, 사건이 기술된 '역사'란 것을 통해서 대부분 이뤄진다. 세월이 가고, 시대가 흘러도 그 이름은 계속 드러나서 끊임없이 후대의 재평가를 받게 된다. 한 인물이 사후에 받는 심판은 '신'이 아니라 '역사'인 것이기에 더욱 더 조심스럽게 살아야 되는 것이다. 그래서 글을 쓰는 나도 자꾸만 부담은 되지만, 개인적 생각을 되도록 줄이고, 내 영혼에 비친 있는 그대로를 나의 벗의 모습을 본 대로 쓰고자 노력하며 쓰고 있다.


'강병수'를 친구로 벗으로 둔 나는 이 친구를 통해 나의 희망을 투사(投射)하는지도 모르겠지만, 나는 서슴없이 고백 할 수 있다. 나에게 부족한 '용기'와 '성실'이란 두 단어만은 확실히 앞서 있음을 인정하는 바 이다.

자신의 이야기를 책으로 낸다기에 좀 도와주고 싶은 생각이 있을 때, 마침 그에게 전화가 왔다. 이 친구의 말이 "네가 내 주변에서 가장 나를 객관적으로 봤다고 여겨 너에게 짧은 글을 부탁하는……"이란 내용이었다. 한편으로 나를 인정해주는 벗의 부탁이니 고맙기도 뿌듯하기도 했다. 그러나 이글을 올리는 순간 다른 느낌이 온다. '내가 너무 쌀쌀맞게 병수를 대했구나!'

하여튼, 나는 남은 많은 나날들을 이 친구를 '벗'으로 삼아야 될 운명이다.

이제까지 나의 벗 '병수'가 보여준 모습으로 확언하는 바, 어떤 일이든지 하는 일마다 많은 시련이 덮치고, 좌절에 빠지더라도 슬기롭고 끈기 있게 헤쳐 나아가리라 믿고 확신한다.

"친구여 병수야! 벗이여 빙수야!"

# 써본 사람들만이 아는
# '강병수' 효능

**이명숙** (햇살어린이집 원장)

## ■ '강병수'를 써보기 전에 겪은 어려움

2010년 새롭게 인천시장과 시의원들이 선출되었다. 인천시의 전략적 슬로건으로 Child-Care, Edu-Care, Job-Care가 채택되자 어린이집과 영유아를 둔 부모들은 큰 관심을 보였다. 전국 최초로 만4세아 무상보육을 실시하기 시작하였고 보육교직원들의 수당 인상 등이 실현되었다. 반면에 어린이집에서 발생하는 폭행, 비리 사건들은 연일 끊이지 않고 언론에 보도되어 부모들은 불안감을, 어린이집 교직원들은 의욕을 상실해 갔다.

모든 영유아에게 전면 무상보육이 실시된 이후에도 어린이집 운영은 별반 나아지지 않았고, 부모들은 무상보육의 혜택을 체감하지 못하였다. 신임 인천시장과 시의원들에게는 보육의 공공성 확보, 부모들이 믿고 맡길 수 있는 어린이집의 확대 문제, 보육교직원의 처우 개선, 민간 · 가정 어린이집의 운영 정상화를 위한 재정지원 및 제도개선 등의 많은 해결 과제들이 주어졌다.

## ■ "막상 사용해 보니까 소문보다 더 좋더라구요"

강병수 의원과는 그가 수도권 생태유아공동체 이사장으로 재임 중일 때부터 만나왔다. 그는 수도권 어린이집과 유치원에 친환경 먹거리를 제공하는 사업과 친환경 무상급식 운동을 열심히 벌이며 생태적 유아교육과 보육에 관심을 많이 가지고 있었다.

2010년 강병수 의원은 인천시의회의 문화복지위원회에 배속 되었고 보육정책위원장이 되어 다시 만났다. 보육문제를 놓고 맞붙으면 나의 보육 경력 30년이 힘을 발휘해야 할 텐데……. 강병수 시의원은 막힘이 없다. 되는 것과 안 되는 것에 대한 입장이 분명하다. 또한 어린이집의 운영상황 및 어려움에 대해서도 잘 알고 있었다.

강 의원은 어린이집의 분과별 간담회를 개최하여 구체적 어려움을 듣고 정책에 반영하도록 노력하였으며, 부모들에게도 무상보육의 체감도를 높일 수 있는 정책을 만들기 위해 고심하고 노력하는 모습을 보였다.

또한 보육의 공공성 확보를 위하여 국공립어린이집 확충만으로는 한계가 있다고 판단한 강 의원은 공공형어린이집의 활성화에도 많은 관심과 지원을 아끼지 않았다.


■ **사용상 주의 사항**

'첫째, 사용하시기 전에 흔들어 주십시오.'

강병수 시의원은 고집이 세다. 강병수 시의원이 어떤 정책과 제도 예산에 대해 입장이 굳어지기 전에 많은 시간과 방법을 투여해 입장을 조율하는 게 그 효능을 높이는 방법이다. 강병수 시의원을 사용 전에 가급적 많이 흔들어 놓아야 한다. 전화 한 통, 단 한 번의 간담회로 민원을 해결하려 하면 안 된다. 사전 마사지가 필요하다. 강 의원은 그런 사전 작업을 중시하는 타입이다.

'둘째, 맛이 간 듯하나 효능에는 지장이 없다.'

　토론회나 간담회 뒤에는 2차로 향하는 경우가 많다. 강 의원은 특히 막걸리를 좋아하는데 두세 병 정도 들어가면 말과 눈이 풀려 속된 말로 '맛이 간 듯하나' 상대방과 대화하는데 아무 지장이 없다. 즉 효능에는 별 상관없다는 뜻이다. 많이 취한 듯하나 다음 날 보면 다 기억하고 챙기는 게 강병수라는 제품의 특징이다. 상대방들은 이에 주의하고 강병수 의원이 술 취한 듯 얘기한 것들도 귀기울여 들어야 한다.

### ■ 처음 출시되었을 때 보다 한층 업그레이드된 '강병수'를 추천

　제 주변 사람들의 대부분은 강병수 시의원이 현재 어느 당 소속인지 잘 모른다. 처음에 시의원 후보로 나섰을 때 국민참여당으로 소개받는데 통합진보당, 정의당……

언제부터 나도 다른 사람에게 설명하기 어렵게 되었다. 박카스는 국민의 음료가 되었다. 어느 회사가 만들었는지는 별로 중요하지 않다. 사실 국민들은 박카스는 알지만 동아제약사는 잘 모른다. 강병수는 진보정당이 출시한 제품임이 분명하다. 야권연대의 결과 우여곡절 끝에 당선된 것으로 알려졌다. 4년여의 활약을 통해 훨씬 진화되었다. '강병수'라는 제품이 특히 보육과 유아교육에 효능이 있을 것으로 판단되어 적극 추천한다.

# 이렇게 **열정**적인
# **시의원**은 처음 봤어요

**장부연** (인천여성가족재단 대표이사)


강병수 시의원을 처음 만난 것은 2010년 7월, 제6대 인천시의회 문화복지위원회 주요업무보고에서였다.

그 당시 인천시청에서 여성가족국장으로 여성과 가족에 대한 복지업무를 맡고 있던 중 예리하고 심도 있는 질문에 당황한 적이 한두 번이 아니었다. 이분처럼 의정활동에 열정적인 사람은 처음 보았고 다양한 능력을 갖춘 사람도 그리 흔하지 않을 것이다. 인천발전 열정이 누구보다 강했던 시의원이다.


강병수 의원 하면 개인의 존엄성을 존중하는 모습과 자기결정권에 대한 권리존중을 비롯해 제도적 대책을 지향하는 정신, 삶의 질 초점과 서비스의 사회적 책임성 지향 등, 학창시절부터 나름대로 경험하고 공부한 부분을 아낌없이 의정활동에 발휘하고 있는 열정적인 사람이라는 강한 이미지가 대표적인 인상이다

예산분야에 있어서는 특히 복지를 다루고 있는 여성가족국에는 시행착오를 허락하지 않는, 시의 예산을 금쪽 같이 생각하는 의원이다. 그러나 시민의 삶의 질 향상을 위한 예산에 대해서는 책임에 대한 호통이 아닌 제안과 동질감을 느끼게 하는 예리한 판단력으로 전폭 지지를 해주는 동반자

였다.

여수에서 태어나 인천에서 자란 바다가 키운 도화동 숙골 소년이 시의원이 되었다

1987년 강권정치시대에는 굴하지 않는 모습이 학생운동과 노동운동으로 옥중생활을 하는 등 시대가 키운 운동가로 만들었고, 비판과 견제, 의무의 상충이 갈등을 유발한다고 자신의 공부와 구상은 현실에 맞지 않아 갈등하고 싸우고 하며 고난을 많이 겪기도 하였다.

소임을 위해 한겨레신문의 발전에 헌신적인 노력을 했으며, 한 쪽이 아닌 다른 쪽의 생각을 많은 사람에게도 판단할 수 있는 기회를 위한 노력은 물론 힘이나 권력의 불균형이 윤리적 딜레마를 만들고 힘의 불균형을 초래할 수 있다고 생각하고 균형을 이루는 조화를 위해 어둠을 없애고 희망을 키우는 노력을 한 청년이었다.

교육에 대한 신념으로 서강대에서는 교육대학원에서 평생교육을 전공하고 부부와 같이 교육활동을 하면서 가족친화적인 마인드로 가족에 봉사를 권장하는 등 교육에 혼신하는 민족의 특성을 특히 잘 이해하고 실천하는 사람이라고 할 수 있다.

이런 많은 고민과 스트레스는 건강을 해쳐 고난을 겪기도 했다, 그러던 중 생명과 생태운동은 살기 좋은 인천에 필수요소라는 생각으로 생태운동의 개선을 정치적으로 해결하자는 생각이 다시 정치에 불을 지피는 계기를 만들었다.

2010년 야권과 시민사회가 한 목소리로 추천한 그를 부평구민(인천시

민)이 선택하게 되었고, 그의 당선이 시 업무에 큰 의미를 부여하게 된 것이 아닌가 생각한다.

　사람, 지역과 시민을 위하는 일이라면 어떤 역할이 맡겨지든지 늘 최선을 다하려는 자세로 살아온 삶의 자세와 목표를 위한 노력, 그것이 그를 지금까지 정치인으로 지탱해온 가장 중요한 기둥일 것이다. 그를 아는 사람은 어느 면에서 추진력으로 인해 강한 사람이라고 판단할 수 있지만 내 마음속에는 생각을 많이 하고 옳다고 생각하는 것과 꼭 해야 한다는 일에는 한 발자국도 물러서지 않는 뚝심 있는 사람이며, 불의 앞에서는 정의를 관철시키기 위해서는 끝없이 대화하고 소통해 마침내 목적을 달성하는 모습으로 남아있다.

　시민의 삶의 질 향상과 관련된 다양한 조례를 제정하여 대안을 만들어온 의정활동, 아파하는 시민들의 입이 되고 발이 되어온, 지역 언론도 주목한 의원 강병수.

　특히 지역발전을 위한 많은 일 중에서도 인천여성가족재단이 이렇게 빨리 안정 되가는 데에도 그의 열정이 일조 하였다. 무엇보다도 인천여성가족재단에 대한 특별한 애정과 지원, 격려는 우리 재단 가족 모두 늘 감사한 마음이다.

　그동안 의정활동에 열정과 정성을 다하는 모습을 보면서 참 인간적인 분이라고 느꼈다. 때로는 공무원들에게 어려움을 주면서도 이해를 많이 하고 고생을 알아주는 포근함이 더 많은 시의원으로서 공무원들이 열심히 일하도록 환경과 여건을 만들어주고 있어 시공무원들이 많이 좋아하며 소

통하고 있는 것으로 알고 있다.

　본인은 지금 공직을 떠나 있지만, 다시 생각해 보아도 강병수 시의원이
참 좋은 사람이라는 인상을 지울 수 없다.

　강병수 의원이 가지고 있는 의욕과 열정, 주요 신념과 강점, 정치력이 많
은 사람에게 행복감을 불러일으켜 주고 "녹슨 삶을 살아가는 우리의 영혼
에 맑은 바람을 불어넣는" 그의 미래가 기대된다.

# 어려운 여건에서 **창작활동** 하는 **인천예술인**들의 **희망**의 빛

**최병국** (인천미술협회장)

    강병수 시의원이 살아 온 과정을 보면 올곧고 강직하면서도 의식의 기저엔 인천사랑이 자리 잡고 있다. 한번 말하면 지키려는 굳은 의지가 있고, 남들이 맡기를 꺼려하는 일도 마다하지 않고 도맡아 해결하는 봉사 정신이 남다르다.

    본인이 한겨레신문 문화사업부장과 본부장을 해서인지 문화에 대한 이해가 높고 문화예술계의 현실적인 어려움이 무엇인지 잘 알고 있다. 그리고 어떻게 풀어가야 "인천문화발전에 조금이라도 도움이 되나"를 늘 고민하고 생각하는 시의원이다.

    시의원이 되어 제 2기 문화복지위원회 부위원장을 맡고서는 지역 문화예술계의 여러 가지 어려운 점을 적극적으로 해결하고자 많은 대화와 토론을 주도적으로 참여하여 새로운 해결책을 제시하였다.

    특히 미술계의 난제인 조형물 설치에 대한 문화예술진흥조례를 개정하여 군·구에 이임했던 조형물 설치 심의 권한을 시로 이관하여 잡다한 잡음을 잠재웠다. 또한 2014년 아시안게임 경기장들에 설치하는 미술장식품들을 시와 협의하여 인천작가들로 제한 공모한 일은 인천미술계에는 더 없이 반가운 일이었다. 인천 작가들에게 미술장식품 공모가 실제적으로 혜택이 돌아갔던 건 20년 전 연수구청 건립 때 구청 벽면들에 작품을 설치한 이후 처음이 아닌가 한다. 사소한 것들은 계속 있어 왔지만 조용히 쉬쉬 하며 자기들 끼리 처리하거나 업자가 끼어들어 나누어먹기 식 설치가 되어 왔다.

사실 금액이 큰 조형물들은 대개 서울에 있는 사업자들이 나서서 공모 하는 바람에 지역 작가들이나 업자들에게 낙찰 될 기회가 적었던 것이다.

아시안게임 경기장 미술장식품 문제로 만난 강병수 의원이 날 보고 처음 하는 말이 "인천에서 열리는 아시안게임을 세계 사람들이 지켜보고 있는데 인천작가들이 만든 작품을 설치하여 외국사람 들에게 인천의 정신을 보여 주어야 하지 않겠습니까. 그걸 할 수 있는 방법이 있습니까?" 하고 묻는 걸 보면서 그동안 이런 생각을 하는 시의원도 있었구나 하고 내 가슴이 뻥 뚫리는 걸 느꼈다.

이렇게 지역에 대한 애정이 있고 풀어가는 방법을 찾는 시의원이 인천에 있다는 건 인천문화예술계의 축복이고 어려운 창작현실을 견디며 살아가는 예술인들에게 새로운 희망의 빛이 되어 문화예술계의 오랜 숙원들을 풀어 나갈 길이 보이는 것이다.

'2014 아시안게임'을 준비하느라 인천 문화예술계에는 숙제가 산더미 같이 밀려 있다. 대표적인 것이 장소도 확정 안 된 인천시립미술관 건립 문제다. 따로 떨어진 예총을 시민들 가까이 옮겨 예술문화교육을 함께 하는 일, 시립박물관 확장 이전 등등 그동안 아세안게임에 밀려 손을 못 댄 일들을 앞으로 하나하나 풀어가야 할 것이다.

그러기 위해선 강병수 시의원 같이 오랫동안 문화예술계에 종사하여 지역 문화예술계를 잘 알고 이해하는 시의원들이 많아지고, 인천문화의 방향을 멀리 보고 세심히 정책화 하여 인천시민들에게 기쁨을 줄 수 있는 시의원이 다시 당선되길 희망하는 바이다.

# 토론회 사회자·토론자
# 섭외 목록에 **추가**하기

강병수 의원은 인천지역에서 개최되는 각종 정책토론회에 사회자나
토론자로 자주 불려 다닙니다. 〈한겨레〉 재직 때부터 사내 각종 행사
의 사회를 도맡았던 '전문 사회자'답게 진행이 매끄럽고, 활발한 토론
을 이끌어냅니다.

발제자나 토론자로 초대되면 사전에 열심히 자료를 조사하고, 토론문
을 충실히 작성하는 것으로 유명합니다.

여러분이 지역 여론을 형성하기 위해 행사를 개최하거나 정책 현안에
대한 해법과 대안을 모색하기 위해 토론회를 열고자 한다면 강병수 의
원을 적극 활용하세요.

그를 사회자와 토론자로 쓰면 1석3조의 효과를 거둘 수 있습니다.

앞서 말씀드린 훌륭한 진행과 충실한 토론은 물론입니다. 여기에 더해
토론회에서 나온 좋은 의견을 인천시정에 적극 반영하는 확실한 통로
가 되는 것입니다.

강병수 의원은 시정질의와 5분발언을 가장 많이 하고 내용이 알찬 것
으로 평가받아 시민단체로부터 '시정질의 분야 1위 의원'으로 선정됐
습니다.

강병수 의원은 자신이 참석한 토론회에서 다른 참가자들이 발언한 내
용을 결코 흘려듣지 않고 의정활동에 반영합니다. 그를 불러 함께 토
론하면 인천시와 시의회를 상대로 정책과 조례를 제안하는 것과 같은
효과를 기대할 수 있습니다.

〈**강병수 의원 활용법**〉은 저자가 아니라 편집자가 독자들에게 드리는 일종의 팁입
니다. 인천시민들이 강병수 의원을 더 많이, 더 잘 활용하기를 바라며 네 가지 사용
법을 전해드립니다. – 편집자

# 강병수와 함께 만들어갈
# 인천의 미래

- 발랄한 상상, 진지한 통찰

## 세상을 살리는 사회적 협동경제
- 대전환의 시대, 새로운 시대정신
- 지역 살리기 사회적경제가 대안이다
- 사회적경제를 통한 인천 발전 전략

## 시민이 행복한 문화창조도시 인천
- 대공장에서 문화창조도시로
- 인천의 미래, 문화창조도시에 길이 있다
- '책의 수도' '문화지구' 사업에 문화창조도시 접목

# 강병수와 함께 만들어갈 인천의 미래

## ■ 발랄한 상상, 진지한 통찰

지방자치와 중앙정치를 크게 다른 것으로 구분하며 자치는 생활정치라고 규정하는 경우가 있습니다. 지방자치를 생활정치로 표현하는 것에 문제는 없습니다. 그런데 생활정치를 어떻게 정의하느냐에 따라 그 의미가 크게 달라질 수 있을 것입니다.

흔히 생활정치를 지역민원을 잘 챙기고 해결하는 것으로 좁게 이해하는 사람들도 있습니다. 저는 진정한 생활정치란 '생활, 즉 지역 주민들의 삶을 본질적으로 바꿔나가는 것'이라고 생각합니다. 중앙정부와 지자체의 복지예산이 지역 주민들에게 얼마나 잘 전달되고 있는지, 이 과정에 사각지대는 없는지를 잘 살피는 것도 생활정치의 중요한 부분 중 하나입니다. 동시에 지역사회를 혁신하는 아이디어를 모으고 이를 지역에서 실현해 성공 모델을 만들고, 나아가 이런 모범을 전국으로 확산해 세상을 바꾸는 것도 분명 생활정치입니다.

그러기 위해서는 시대 변화의 흐름을 진지하게 통찰하고, 새롭고 발랄한 상상력을 마음껏 펼쳐야 합니다. 사람들의 삶을 획기적으로 바꾸는 진정한 생활정치는 상상과 통찰 속에서 나오는 것입니다.

'15분 강연'으로 우리나라에서도 제법 알려진 테드(TED)라는 미국의 비영리 재단이 있습니다. KBS가 일요일 저녁에 방송 중인 〈강연 100℃〉도 테드의 강연 프로그램에서 영감을 얻은 것이라고 합니다.

테드 조직위원회는 해마다 가장 담대하고, 절실한 꿈과 희망을 열정적으로 강연한 사람을 선정해 '소원상(Wish Prize)'을 주고 있습니다.

그런데 2012년에 이 상을 받은 것은 개인이 아니라 '도시(City) 2.0'이라는 아이디어였습니다.

조직위는 '도시 2.0'에 소원상을 주기로 한 이유를 다음과 같이 밝혔습니다.

"우리가 최초로 사람이 아닌 아이디어에게 소원상을 주기로 한 이유는, '도시 2.0' 아이디어야말로 오늘날 유사 이래 가장 큰 도전과 기회들에 직면한 전 세계 수백만의 사람들에게 큰 영감을 줄 수 있기 때문입니다. 본래 소원상 제정 취지는 사람들에게 구체적인 행동변화를 불러일으키는 것이었습니다. 그동안 훌륭한 아이디어를 가진 개인들이 그런 일을 할 수 있으리라 확신했습니다. 하지만 '도시의 미래'는 수많은 개인, 기관, 기업들이 연관된, 너무나 역동적이면서도 중요한 화두이기에 이 같은 결정을 내렸습니다.

'도시 2.0'은 100억 명을 넘어선 지구시민들이 지속가능한 삶을 살아가는 미래의 도시입니다. 하지만 이는 무익한 공상이나 막연한 상상이 아닙니다. 인류 집단지성으로 업그레이드될 엄연한 현실세계입니다. 혁신, 교육, 문화, 경제적 기회를 고취시키는 것, 아름다움과 경이로움, 다양성이 넘치는 공간, 탄소배출량을 줄이고 환경오염이 사라지는 시대. 'City 2.0'은 그 모든 것이 구현되는 도시입니다."

〈사회적경제센터 블로그(http://blog.makehope.org/smallbiz/713)의 이재흥 선임연구원 글에서 인용.〉

인천시의 재정위기를 극복하고 지역 경제를 새로운 차원으로 활성화시키는 방안은 없을까요? 어떻게 하면 주민들이 서로 활발하게 교류하고 소통하며 그 속에서 창조적 혁신이 넘쳐나는 지역공동체를 만들 수 있을까요?

생활정치, 더 크게 상상하라!

인천시민의 집단지성으로 업그레이드될 '인천의 미래'를 준비하라!

이런 물음을 제 스스로에게, 그리고 여러분께 던지며 이 책의 마지막 장을 시작합니다.

# 세상을 살리는 사회적 협동경제

## ■ 대전환의 시대, 새로운 시대정신

2012년, 백과사전의 대명사 〈브리태니커〉가 "더 이상 종이 인쇄본 백과사전을 제작하지 않겠다"고 선언했습니다. 1768년 1권을 시작으로 1771년 초판 3권을 완간한 후 지난 240여 년간 세상에서 가장 사랑받아온 백과사전이 세계인의 책꽂이에서 사라지게 된 것입니다. 브리태니커의 퇴장 배경에는 온라인 백과사전 〈위키피디아〉의 등장이 있습니다.

2001년에 탄생한 위키피디아는 불과 10년 만에 정보의 양과 생성 속도에서 기존의 백과사전들을 압도했고, 정확성에서도 뒤지지 않게 됐습니다. 협업을 통한 집단지성으로 대표되며 '위키노믹스(Wikinomics)'라는 신조어까지 탄생시킨 위키피디아의 완승이었습니다.

지난 100년 동안 우리가 경험한 변화와 혁신의 양과 속도는 그 이전 1000년 동안 일궈낸 것보다 클 것입니다. 그리고 앞으로 10년 동안 겪게 될 변화는 우리 인류가 지난 100년 동안 경험한 것보다 훨씬 더 놀라운 것일 수도 있습니다.

우리는 지금 이처럼 대전환의 시대에 살고 있습니다.

대전환은 과학기술과 정보통신 영역에서만 일어나고 있는 게 아닙니다.

정치, 경제, 사회, 문화 모든 분야에서 이루어지고 있습니다. 특히 경제 영역에서는 시장만능 신자유주의의 폐해와 '시장의 실패'를 극복하기 위해 사회적경제, 협동경제가 대안으로 떠오르고 있습니다.

지금 우리는 약육강식의 시대에서 상생의 시대로, 경쟁의 시대에서 협동의 시대로 가는 길목에 서 있습니다. 익숙한 과거에 더 오래 머무를 것인가, 낯선 새로운 길을 더 빨리 찾아 나설 것인가가 우리 앞에 놓인 숙제입니다.

2013년 11월 7일, 서울시가 주최한 '국제 사회적경제 포럼'에서 〈서울선언〉이 채택됐습니다. 이 선언은 새로운 사회혁신을 시민참여형 공공-민간-공동체 파트너십으로 표현하고, 위기 이후의 발전 모델로 시장경제와 공공경제, 그리고 사회적경제를 조화시키는 다원적 경제를 제시했습니다.

〈한겨레〉 김현대 선임기자는 '사회적경제의 오래된 가치'라는 칼럼 (2013.5.9)에서 "우리 경제는 근대화 이후 권위주의의 공공경제로 터를 다진 뒤, 외환위기를 맞아 시장만능경제로 훌쩍 건너뛰었다. 양 극단 사이에서 사회적경제가 뿌리내릴만한 역사적·사회적인 틈이 없었다. 하지만 시장경제와 공공경제만으로 돌아가는 선진국의 현실 경제는 존재하지 않는다. 건강한 경제란 예외 없이 시장경제, 공공경제, 사회적경제가 적절한 균형을 이룬다."고 지적했습니다.

기업과 소비자가 주도하는 시장경제는 더 공정하고 건전하게 계속 성장하고 발전해야 합니다. 시장을 보완하기 위해 정부가 주도하는 공공경제의 역할도 여전히 중요합니다. 공공경제의 역할을 축소하고 부정하기까지 하는 신자유주의 시각은 극복돼야 합니다.

이제 여기에 사람을 살리고, 지역을 살리는 시민참여형 사회적경제가 새로운 한 축으로 확고하게 자리 잡아야 합니다. 시장경제, 공공경제, 사회적경제의 삼각 축이 고르게 튼튼한 경제가 우리의 미래, 인천 경제의 내일이 되도록 만들어야 합니다.

사회적경제는 분명 새로운 시대정신 중 하나입니다.

〈사회적경제리포트〉를 발간하고 있는 사회적경제센터의 정상훈 센터장은 이렇게 말합니다.

"경쟁과 배제, 승자독식, 99%의 불행으로 상징되는 신자유주의는 최근 30년 동안 세계를 지배해 왔지만 2008년 금융위기 이후 역사적 종언을 고하고 있고, 한국사회 역시 크게 보면 거대한 전환이 시작되고 있다고 생각합니다. 이 전환의 시대에 새로운 사회를 여는 시대정신은 무엇인가에 대해 다양한 논의가 시작되고 있고, 선거 과정에서 복지와 경제민주화가 중요한 화두가 되고 있습니다. 저는 사회적경제 역시 시대정신의 하나라고 생각합니다.

사회적경제는 인간의 본성은 이기적이 아니라 상호적 혹은 호혜적이라는 인간학을 바탕으로 자본주의 300년 역사에서 해결하지 못한 빈곤, 무지, 질병, 오염, 부패 문제를 협력과 연대 나눔이라는 운영원리를 통해 기존에는 상상하지 못한 방식으로 해결해나가고 있습니다."

전적으로 공감합니다. 다만 지금 우리가 직면하고 있는 여러 문제들을 사회적경제가 해결하고 있다는 것은 현실보다는 희망사항 쪽에 더 가깝다고 생각합니다. 우리나라의 사회적경제는 아직 걸음마 단계에 있습니다. 협동조합, 사회적기업, 마을기업 등을 통한 돌봄 확대, 일자리창출, 지역 공동체 회복 등 사회적경제가 계속 성장하고 있지만 아직은 확고하게 자리를 잡았다고 하기 어렵습니다. 특히 인천시의 경우는 더욱 그렇습니다.

사회적경제는 인간의 본질에 대한 새로운 인식에서 출발해야 합니다.

지금까지 우리는 인간을 이기적이고 탐욕적인 존재로 규정하고, 그 토대 위에서 무한경쟁과 승자독식의 경제체제를 합리화해 왔습니다.

물론 인간의 속성에는 이기적인 부분도 있습니다. 그러나 인간은 본질적으로 상호적이고 협동적입니다. 우리에게는 경쟁과 약육강식이 아니라 협동과 공존, 상생이 더 잘 맞고 이럴 때 진정한 행복을 느끼는 존재입니다. 이런 인간을 '협동형 인간', '상호적 인간'이라고 부릅니다. 상호적이고 협동적인 인간의 본성에 부합하는 경제 시스템이 바로 사회적경제입니다.

상호적 인간에 대해서는 한겨레경제연구소 이봉현 연구위원이 〈한겨레〉

에 쓴 글(2013.9.3.)이 잘 설명하고 있어 이를 축약해 소개합니다.

## [싱크탱크 광장] 협력하는 인간이 만드는 희망, 경제적 인간은 가라

2008년 터진 세계 경제위기의 상처를 보듬고 새로운 인간이 태어나고 있다. 바로 '협동형 인간'(상호적 인간: Homo reciprocan)이다. 협동형 인간은 합리적·이성적인 면과 함께 비합리성과 감성적인 면을 갖고 있다. 그렇기에 사회를 이뤄 서로 의지하고 돕는 인간이다.

복지사회와 지역공동체에 대한 관심이 높아지고 협동조합, 사회적기업, 공유경제가 활성화하는 뒤편에서는 논문, 책, 대중매체의 보도, 강연 등을 통해 새로운 인간형이 만들어지고 있다. ……

상호적 인간은 '경제적 인간'(Homo economicus)의 알을 깨고 나왔다. 경제적 인간은 산업혁명 이후 자본주의가 자리를 잡아가면서 근대 학문이 만들어낸 이야기였다. 경제적 인간은 시장에 적합한 인간인데 이익과 비용을 합리적으로 비교·판단해 자신의 물질적 이익을 극대화하는 선택(이기적 선택)을 한다. 가격이 행동을 결정하는 시장거래에서 인간은 실제 이런 모습을 보이기도 한다.

다만 시장이 세상만사를 해결할 수 있고 그래야 한다고 믿는 근본주의가 득세하면서 인간의 합리성과 이기심이 지나치게 강조된다. 특히 지난 30~40년을 휩쓴 신자유주의는 시장이 자연적이며 완벽한 제도이기 때문에 그걸 돌아가게 하는 인간도 합리적이어야 한다고 믿었다. 그러기 위해 소유권을 확실히 하고 정보 유통의 제한을 없애며 정부의 개입과 같은 '잡음'은 최소화해야 한다고 주장했다. 조금만 생각해 보면 사실보다는 '희망사항'에 불과했지만 추상과 고등수학이란 '거탑' 위에 올라앉은 주류 학자의 귀에는 들리지 않았을 뿐이다. ……

한겨레
협동형 인간 시대

## 협력하는 인간이 만드는 희망, 경제적 인간은 가라

인간의 협동하는 본성은 계발돼야 한다. 학생들이 캠프에 참여해 '미꾸라지잡기'라는 협동놀이를 하고 있다.
류우성 선임기자 kwak1027@hani.co.kr

> 합리성·이기심 강조한 신자유주의
> 지금의 고통스런 상황 몰고와
> 행동경제학, 진화생물학 등
> 인간의 상호성에 주목
>
> 복지사회, 지식기반 경제서
> 협력과 믿음은
> 한계 부딪친 한국 경제 키워드

경제적 인간은 이론에서 먼저 반박을 당했다. 행동경제학의 연구는 인간이 완벽한 정보를 갖고 합리적 판단을 하기보다는 제한된 범위에서 주먹구구식으로 판단함을 보여준다. 메뉴판에서 중간 가격을 고르듯 우리의 행동은 준거의존적이다. 광고를 보면 마음이 바뀌듯 정보가 어떻게 '프레임' 되느냐도 중요하다. 이렇게 인간의 본성이 불합리하기에 시장의 거품과 붕괴가 반복되는 것이다. ……

인간사회에서 1+1을 3으로 만드는 방법은 협력이다. 인간의 협력적 본성은 계발돼야 하는데 대화나 토론 같은 소통을 늘리면 발전한다. 서로의 관계를 장기로 가져가고, 집단의 크기를 줄여 친밀성을 높이는 것도 협력의 밀도를 높이는 데 중요하다. 협력의 바탕이 되는 것은 믿음인데, 믿음을 강제하는 사회적 네트워크를 '사회적 자본'이라고 한다.

상호적 인간이 부각되는 것은 단지 도덕적 의무감 때문만은 아니다. 경제·사회적으로 인간의 그런 속성이 요구되는 상황이 됐기 때문이다. 첫째, 경쟁뿐 아니라 협력의 경제적 가치를 알게 됐다. …… 둘째, 경제가 제조업을 벗어나 지식기반 경제로 변했다. ……

결국 작은 공동체에서부터 신뢰의 네트워크를 확산하고 서로 협력하는 '상호적 인간의 사회'를 만드는 것이 성장의 한계에 부닥친 한국 경제의 과제인 것이다.

〈글: 이봉현 한겨레경제연구소 연구위원〉

'이익과 비용을 합리적으로 비교해 이익을 극대화하는 이기적 선택'을 한 것은 경제적 인간만이 아닙니다. 자본주의 기업은 더욱 그러했고 많은 나라의 정부들도 그랬습니다. 지방자치단체도 예외일 수 없습니다.

지금까지 지방행정은 규격화와 획일화 등을 통한 효율적 예산 배분에 초점을 맞춰 온 측면이 있습니다. 이제 '1+1을 3으로 만드는 협력적 방법'을 찾을 때입니다. 지역 사회 각 주체간의 대화와 소통을 늘리고, 집단의 크기를 줄여 친밀도를 높이고, 상호신뢰를 강화하는 사회적 네트워크를 구축하는 방향으로 나아가야 합니다.

## ■ 지역 살리기 사회적경제가 대안이다

1980년대 대학에서 나와 사회활동을 시작할 때부터 저는 '지역'에 주목했습니다. 제가 자라고 초중고등학교를 졸업한 인천에서 공장 노동자로 노동운동을 할 때도 지역사회와의 결합을 중요하게 생각했습니다. 한겨레 지국장으로 일하고, 계양산살리기운동본부 간사로 활동하는 등 언론운동, 환경운동, 시민운동을 할 때도 '지역공동체 살리기'에 많은 관심을 쏟았습니다.

지역공동체 회복을 위해 오래 전부터 관심을 갖고 연구하고 실천해 온 게 바로 협동조합입니다. 한겨레문화센터에서 바쁘게 일하느라 지역 활동에 제약이 있을 때도 수도권생태유아공동체 생활협동조합 이사장으로서의 역할에 최선을 다했습니다.

인천시의원이 된 후에는 '협동조합 지원조례'를 제정했습니다. 이 조례를 통해 인천시장이 협동조합의 자율적인 활동을 촉진하고 체계적으로 지원하기 위해 지원계획을 수립하도록 하고, 협동조합 육성·지원에 관한 사항을 심의하기 위한 협동조합지원위원회와 협동조합 모델 개발·정책 연구, 협동조합 간 협력 지원, 실태조사 등을 수행하는 협동조합지원센터를 둘 수 있도록 했습니다.

또 동료 의원들에게 제안해 2013년 1월 인천시의회에 '협동조합 연구모임'을 만들고 대표를 맡아 활발하게 활동하고 있습니다. 이 모임에는 시의원은 물론 협동조합·사회적기업 등의 대표, 관련 분야 전문가들이 폭넓게 참여하고 있습니다.

이제 제 관심은 협동조합과 사회적기업, 마을기업뿐만 아니라 지역기업과 시민, 지자체까지 서로 소통하고 협력하는 사회적 협동경제 생태계를 인천시에 만드는 것입니다.

이를 위해 2013년 11월 22일, '인천광역시 사회적기업 육성 및 지원에 관한 조례'를 '인천광역시 사회적경제 육성 및 지원에 관한 조례'로 전부개정하는 조례안을 공동발의해 제정했습니다. 바뀐 조례를 통해 인천광역시의 사회적경제 계획의 수립과 집행을 의무화했으며 기존의 마을기업지원센터, 사회적기업지원센터, 협동조합지원센터를 통합해 사회적경제 지원센터 설립할 수 있도록 했습니다.


이미 앞에서 여러 차례 사회적경제, 사회적 협동경제라는 표현을 썼습니다. 또 사회적 대안경제라는 용어도 함께 사용하고 있습니다. 학자나 전문가들에 따라서는 조금씩 다른 뜻으로 해석하기도 하지만 저는 같은 의미로 쓰고 있고, 특히 사회적 협동경제라는 표현을 주로 사용하고 있습니다. 협동하는 인간이 사회적경제의 핵심이라고 생각하기 때문입니다.

그럼 사회적경제의 정확한 개념은 무엇일까요?

서울시 공식 블로그에는 "경쟁과 이윤 중심이 아닌, 호혜와 연대를 중심으로 하는 새로운 대안적 경제공동체를 뜻한다."고 정의돼 있습니다. 또 이와 비슷한 '경쟁이 아닌 호혜와 연대라는 가치에 기반해 공동의 이익을 목적으로 생산, 소비, 교환, 분배가 이뤄지는 경제 시스템'이라는 설명도 널리 통용되고 있습니다.

이 말들을 좀 더 풀어서 설명하면 '호혜와 협력 연대를 바탕으로 빈곤과 소외를 극복하고 공동체 문화를 살리는 등 주민들의 삶의 질을 높이는 사회적 가치를 실현하기 위해 시민과 협동조합, 사회적기업, 마을기업, 자활기관 등 다양한 사회경제 주체들이 생산하고 소비하는 경제시스템'이라고 할 수 있습니다. 또 사회적경제의 기본원리는 △이윤 추구보다 구성원에게 서비스 제공 우선 △자율적인 운영 △민주적 의사결정 △자본과 이윤의 배분보다 사람과 노동 우선 등입니다.

그렇다면 오늘 날 왜 수많은 나라에서 사회적 협동경제가 활발하게 시도되고 새로운 대안으로 주목받게 된 것일까요?

협동조합의 역사는 영국 등 유럽 국가들에서는 대부분 100년이 넘었고, 사회적기업들도 수십 년 전부터 등장해 계속 확산되고 있습니다. 우리나라도 1970대 강원도 원주 등에서 협동조합이 탄생한 후 꾸준히 성장해 왔으니 그 역사가 결코 짧지 않습니다.

하지만 전 세계적으로 협동조합과 사회적기업 등 사회적경제가 다시 주목받기 시작한 것은 세계경제의 후퇴와 금융 위기 등을 거친 1990년대와 2000년대부터입니다.

시장만능을 숭배하는 정치경제 체제는 자본이 팽창하고 성장하는 호황기에는 그 과실을 소수가 독점해 부익부빈익빈을 심화시켜 왔습니다. 그러다 경기가 침체되고 거품이 붕괴해 몰락할 때는 빈곤층과 가난한 국가 등 경제적 약자들에게 더 빨리 더 크게 피해를 끼쳐 양극화를 더욱 심화시켜 왔습니다. 이런 냉혹하고 부조리한 경제 현실을 극복하는 대안으로 '인간의 얼굴을 한' 사회적경제가 새롭게 부상한 것입니다.

인천대 사회적기업연구센터장인 양준호 교수는 인천시의회 협동조합 연구모임 교육강좌 주제발표(2013.7.11.)에서 많은 나라들이 사회적경제(협동조합)에 주목한 배경으로 가장 먼저 '시장의 실패'를 꼽았습니다. 두 번째로 복지를 공급하는 새로운 주체에 대한 필요성, 세 번째는 보다 민주적인 경제시스템에 대한 지향성이라고 지적했습니다.

양 교수는 또 "역사적으로 '시장의 실패'의 귀결로서 그 필요성이 대두된 국가의 경제에 대한 조정은 1970년대 이후 선진 자본주의 국가에 있어서의 재정위기 및 관료제의 폐해 등의 문제에 직면하면서 그 지속가능성과 유효성에 관한 의문이 제기되었고, 또 실제로 그 기능 역시 제대로 작동하지 못하게 되었다. 이와 같은 국가의 경제에 대한 조정이 문제시 되면서, 또 다시 시장 조정의 기능을 강조하고 또 이의 복원을 강조하는 움직임이 강화되었다. 이와 같은 반동적 경향을 '신자유주의'로 규정할 수 있는데, 바로 이에 대항하기 위한 움직임으로서 협동조합 또는 '비영리 협동섹터'로 불리는 사회적경제 조직이 주목받기 시작하였다."고 덧붙여 설명했습니다.

여기에 지역 차원에서 협동조합, 사회적기업, 마을기업 등에 주목하고 이들을 지원해야 하는 이유가 한 가지 더 있습니다. 바로 지역경제의 쇠락과 공동체 해체 등 오늘 날 지역사회가 안고 있는 여러 문제를 극복할 수 있는 해결 방안을 바로 사회적경제 활성화에서 찾을 수 있기 때문입니다.

유럽의 여러 국가들이 경제 위기를 겪고 이탈리아가 심각한 재정위기에 처한 상황에서도 '이탈리아 협동조합의 수도'로 불리는 볼로냐의 지역경제는 튼튼합니다. 사회적기업과 협동조합, 마을기업의 활동이 활발한 지역일수록 지역공동체가 살아있고, 경제뿐만 아니라 문화, 복지, 소통 등 모든 면에서 주민들의 생활 만족도가 더 높게 나타나고 있습니다.

## ■ 사회적경제를 통한 인천 발전 전략

인천의 미래, 어디에서 찾아야 할까요? 어디에 길이 있을까요?

지금 구체적인 해법과 정확한 해답을 갖고 있는 사람은 아무도 없을 것입니다. 그래도 분명한 것은 인천시가 앞으로 더 많은 시민들이 더 많이 행복해 하며 살아가는 도시가 돼야 한다는 것입니다. 지역 기업이 거둔 경제적 과실이 일자리 창출과 지역사회 환원 등을 통해 더 많은 주민들에게 돌아가는 경제구조를 만들어야 합니다. 지역에 보람 있게 일할 수 있는 일터가 많아져야 합니다. 또 집 가까이에 자기를 성장시키고 계발할 수 있는 배움터, 즐겁게 어울려 소통하는 놀이터도 더 많이 확충해야 합니다.

지난 날 우리들은 농지를 갈아엎고 바다를 메워 그 곳에 신도시 아파트를 짓고, 큰 공장과 높은 건물을 세우고, 넓은 길을 내면 주민들의 삶도 저절로 풍요로워질 것이라는 환상에 빠져 있었는지도 모릅니다. 하지만 이제 많은 사람들이 깨닫고 있습니다. 콘크리트 더미가 사람을 행복하게 해줄 수 없다는 것을⋯⋯.

사람은 좋은 이웃들과 교류하고 소통해서 더 많이 공감할 때 진정 행복해질 수 있습니다. 지역경제도 경제주체들이 서로 돕고 협동하며 공동체에 대한 사회적 책임을 함께 나누어 질 때 고르게 발전할 수 있습니다.

저는 이처럼 사회적경제를 가꾸고 키우는 데서 인천의 미래를 찾을 수 있다고 믿습니다.

사회적경제를 더욱 확대하고 성장시켜 주민들의 삶을 행복하고 풍요롭게 하려면 이에 대한 사회적 공감을 넓히는 게 가장 우선입니다. 즉, 사회적경제 담론의 확산이 필요합니다. 이를 위해 교육과 토론, 체험 프로그램을 더 많이 기획하고 진행해야 합니다.

다음으로 사회적기업과, 협동조합, 마을기업 등을 창업하고 성공적으로 경영할 수 있는 사회적경제 전문가를 많이 양성해야 합니다.

세속적 성취를 거둔 기업에는 반드시 세속적 기업가 정신으로 똘똘 뭉친 경영자가 있기 마련입니다. 협동조합이 설립 목적에 맞는 '사회적 성공'을 거두기 위해서는 마찬가지로 '사회적 기업가 정신'이 충만한 혁신적 지도자가 필요합니다. 또 이를 뒷받침하고 지원할 연구자와 정책 기획·조정자 등 관련 전문가도 많이 필요합니다.

또 이 분야에서 활동하는 각 기업과 조합, 단체들이 서로 더 많이 협력할 수 있도록 네트워크를 구축하고 강화해야 합니다. 좋은 모델을 만들고 모범을 널리 확산시키는 것도 중요합니다.

이 모든 부분에서 인천시와 자치구와 같은 지자체의 역할이 매우 중요합니다. 인천시는 지금보다 훨씬 더 적극적으로 사회적경제를 육성하고 여기에 종사하는 일꾼들을 지원해야 합니다. 인천시의회는 조례와 예산을 통해 사회적경제를 활성화시키고, 집행부가 여기에 더 많이 관심을 갖고 행정력을 집중할 수 있도록 요구하고 견인해야 합니다.

사회적경제를 통한 인천 발전 전략은 크게 세 가지로 나눠 이야기할 수 있습니다.

첫째, 사회적경제를 통해 인천지역의 민주주의와 지방자치를 더욱 성숙시키고 발전시켜야 합니다.

정원각아이쿱협동조합지원센터 대표는 〈한겨레〉에 쓴 칼럼(2013.10.11.)에서 "(나는) 협동조합을 하는 이유로 '지역의 민주적인 자치 실현'을 가장 중요하게 생각한다. 사실 '자치'와 '지역'은 협동조합을 이해하는 데 꼭 필요한 열쇳말들이다."라고 밝혔습니다.

그의 말처럼 협동조합과 같은 사회적경제가 활성화 된다는 것은 그 지역의 민주주의와 지방자치도 함께 성숙하고 발전한다는 의미를 갖습니다. 왜냐하면 사회적경제의 기본 운영원리가 바로 민주주의이고, 참여를 통한 자치이기 때문입니다.

2011년 캐나다에서 열린 '제15회 세계사회연대경제 포럼'에서 낸시 님턴(Nancy Neamtan) 대회 공동조직위원장은 개최사를 통해 이렇게 말했습니다. "시민참여, 민주주의, 연대와 통합에 기초한 사람중심 경제를 발전시켜 나가기 위한 우리들의 노력은 계속되어야 합니다. 무엇보다도 이러한 경제는 서로 간에 많은 차이점이 있다 할지라도 국제적인 연대협력을 통해 함께 경험을 나누고 근본적인 신념을 공유할 때, 지역공동체와 정부, 국제기구가 함께 머리를 맞대고 지혜를 모을 때, 비로소 새로운 미래에 다가

서게 될 것입니다. 여타의 경제개발과 달리, 부를 창출함과 동시에 민주주의를 강화하면서 말이죠."〈오마이뉴스, 2012.5.21〉

낸시 님턴의 말 또한 민주주의와 사회적경제의 긴밀한 상호 관계를 역설하고 있습니다.

협동조합 등 사회적경제 조직이 민주적 운영원리를 지키고 자치의 원칙을 확산시키며 자립에 성공하면 지역경제 활성화에 기여하는 것은 물론 지역주민들의 자치역량도 한층 강화하게 됩니다. 사회적경제의 성공이 지방자치의 확대와 성숙으로 이어지는 것입니다.

지방자치가 발달한 이탈리아와 스페인, 캐나다의 도시들 중에는 협동조합 활동이 활발한 곳이 많습니다. 세계에서 가장 유명한 협동조합인 몬드라곤이 있는 스페인의 바스크, 이탈리아의 에밀리아 로마냐, 캐나다의 퀘벡 등은 사회적경제가 발달한 대표적 도시들인데, 이곳 모두가 지방자치가 활발하게 이루어지고 있는 곳입니다.

사회적경제 활성화가 민주주의와 지방자치를 발전시키고, 지방자치가 성숙할수록 사회적경제도 더욱 활발해지는 것입니다.

사회적경제와 지방자치의 선순환 구조를 만드는 게 인천의 지역발전 전략 중 하나가 되어야 하는 이유입니다.

사회적경제를 통한 인천 발전 전략의 두 번째는 '사회적 자본'을 구축하는 것입니다.

먼저 사회적 자본의 의미부터 살펴보겠습니다.

미국의 정치학자 퍼트넘(Robert Putnam)은 사회적 자본을 "행위의 조정을 촉진하여 사회의 효율성을 향상시키는 신뢰, 규범, 네트워크와 같은 사회 조직의 속성" 이라고 설명했습니다.

인도 출신 경제학자 파샤 다스굽타(Partha Dasgupta)는 "합의된 상호강제 구조를 통해서 다른 사람이 약속을 지킬 것이라는 믿음을 유지하고 발전시킬 수 있도록 하는 사람들 사이의 네트워크" 라고 정의합니다.

정태인 새로운사회를여는연구원 원장은 이런 견해를 종합해 "사회적 자본이란 구성원들이 신뢰하고 협동할 수 있도록 돕는 규범이며, 이 규범을 지키기로 구성원들끼리 상호 강제하는 네트워크"라고 정리했습니다. 〈인용 : 새로운 시선(블로그) http://sisun.tistory.com/〉

앞서 말씀드린 것처럼 경제 성장과 사회 발전의 원동력이 개인과 개인, 기업과 기업, 국가와 국간 간의 무한경쟁이라고 생각해온 때가 있었고, 이제 그런 시대가 끝나가고 있습니다. 서로에 대한 신뢰를 중심으로 호혜하고 연대할 때 보다 더 행복한 세상을 만들 수 있다는 믿음이 확산되고 있는 것입니다. 세계은행 보고서에 따르면 '사회적 신뢰도가 10% 상승할 때 경제성장률은 0.8% 성장한다'는 통계도 있습니다.

그럼 사회적 신뢰도를 높이려면 무엇을 어떻게 해야 할까요?

"신뢰는 이타심과 이기심 사이 어딘가에서 생겨난다"는 말이 있습니다. 인간이 완전히 이타적인 존재라면 상대를 의심할 필요가 없게 됩니다. 그래서 신뢰도 중요하지 않습니다. 반대로 인간이 오직 이기적 존재라면 상대방도 이기적으로 행동할 것이기 때문에 신뢰가 생길 수 없습니다. 신뢰는 상대방이 약속을 지킬 것이라는 믿음, 상대가 약속을 지킬 경우 나도 약속을 지키는 것이 나에게 이익이 될 것이라는 생각에서 출발합니다. 그리고 이런 기대가 현실로 이루어질 때 비로소 쌓이는 것입니다.

그래서 '처음 행동'이 중요합니다. 인간은 상호적이기 때문에 남이 잘해주면 자기도 거기에 보답해 잘해줍니다. 마찬가지로 남이 잘 대해주지 않으면 자기도 잘 대해주지 않습니다. 물론 남들이 괴롭히고 못살게 굴어도 상대를 사랑으로 대하는 사람도 없지 않습니다. 하지만 이런 경우는 일반적이지 않습니다.

처음 행동은 개인과 개인 사이에서 뿐만 아니라 주민과 지방자치단체, 국민과 국가의 관계에서도 매우 중요합니다.

여기서 잠시 살펴볼 대목이 '우리 정부와 지자체, 지방의회의 처음 행동이 국민들에게 어떠했을까'입니다. 우리나라 국민들의 정부와 정치권에 대한 신뢰는 매우 낮은 편입니다. 과거 독재정권과 권위주의 관료체제 시절에 행한 처음 행동이 낮은 신뢰의 뿌리일 것입니다. 정부에 대한 신뢰에서 가장 중요한 게 '국가권력이 불편부당하고 공정하다'는 믿음인데 이런 기대가 무너진 것입니다.

그렇다고 해도 과거 탓만 할 수는 없습니다. 이제라도 정부와 지자체, 정치권이 나서서 '먼저 잘해주기'를 해야 합니다. 그래야 많은 사람들이 자기 주변에 먼저 잘 대해줄 것입니다. 잘 대해주는 이웃이 많아질수록 더 많은 사람들이 상대방에게 더 잘 대해주는 선순환이 이루어질 수 있습니다. 불신과 배반의 악순환을 끊고 신뢰를 높이 쌓아야 합니다.

신뢰를 제도화 하는 것도 필요합니다. 제도를 아주 단순하게 설명하면 '규범의 준수 여부에 따른 보상과 응징'이라고 할 수 있습니다. 사회적 규범을 지키면 보상하고 지키지 않으면 그에 합당한 대가를 치르도록 하는 게 바로 제도화입니다. 좋은 제도는 분명 신뢰를 높이는데 도움이 됩니다.

하지만 이보다 더 중요한 것은 제도에 대한 신뢰입니다. 우리 사회에는 아직도 나쁜 법과 제도가 있고, 이런 것들이 제도에 대한 신뢰를 크게 떨어 뜨립니다. 악법도 법이라는 말이 있지만 오늘날 국민들은 악법은 국민의 힘으로 고쳐야 한다고 믿습니다.

나쁜 제도를 바로 잡고, 좋은 제도를 정착시켜 제도에 대한 신뢰를 높여 야 사회적 신뢰가 높아지는 것입니다.

인천시와 시의회가 먼저 앞장서서 '처음 행동'을 잘하고, 좋은 제도를 만 들어 신뢰라는 사회적 자본을 구축하는 게 중요한 지역발전 전략 중 하나 입니다.


'아무것도 소유하지 않지만 모든 것을 사용할 수 있다!'

정말 꿈같은 이야기입니다. 또 누군가는 말도 안 된다고 생각할 수도 있 을 것입니다.

사회적경제를 통한 인천 발전 전략의 세 번째는 바로 '공유경제'입니다.

많은 사람들은 무언가를 소유하기 위해 치열하게 경쟁하고 있습니다. 그런데 정작 그렇게 해서 얻은 것을 제대로 사용하지도 않고, 또 다른 무 언가를 소유하기 위해 다시 경쟁에 내몰립니다. 소유욕 또는 사적으로 소 유하지 않으면 아무 것도 누릴 수 없는 세상이 불러온 소유와 경쟁의 악순 환입니다.

공유란 내 것을 누군가와 함께 쓰고, 나도 남의 것을 같이 쓴다는 뜻입니 다. 분명 아직 익숙하지 않고, 선뜻 내키지 않는 면도 있습니다.

하지만 공유는 이미 새로운 흐름으로 우리 앞에 성큼 다가오고 있고, 공 유를 더 많이 받아들이면 그럴수록 더 풍요롭고 더 행복해질 것입니다.

공유경제도 다른 사회적경제 분야와 마찬가지로 2008년 미국발 금융위기 이후 우리나라에서 주목받기 시작했습니다.

사람들은 자신이 소유한 것 중에 이웃과 함께 쓸 수 있는 것을 생각했고, 남는 방과 자동차 등을 공유하기 시작했습니다. 우리가 공유할 수 있는 것은 집과 자동차, 텐트와 같은 물건뿐만 아닙니다. 지식과 경험, 재능도 누군가를 위해 나누고 공유할 수 있습니다.

서울시는 박원순 시장이 취임한 후 '공유도시 서울'을 중요한 시정목표 중 하나로 선정했습니다. 자동차를 소유하지 않고 사용하도록 하는 카쉐어링(Car Sharing) 사업을 펼치는 등 공유경제 확대에 노력하고 있습니다.

공유경제가 확대되기 위해서는 이처럼 지자체 등 정부의 적극적인 의지와 정책 지원이 필요합니다. 무엇보다 '모든 재화는 소유할 때가 아니라 '제대로 사용할 때' 진정한 가치를 발휘한다'는 관점을 새롭게 정립하는 게 중요합니다.

또 한 가지, 공유는 단순히 물건을 함께 써서 자원을 효율적으로 사용하는 것에 머무르지 않습니다. 그 속에 '관계 맺기'라는 본질이 담겨 있다는 것에 더 주목해야 합니다.

물건을 함께 쓰고 재능을 나누며 사람과 사람이 소통하고 협동하는 속에서 더 좋은 관계를 맺는 것입니다. 공유경제를 통해 맺는 사람과 지역의 관계는 지역발전을 위한 가장 소중한 자산이 될 것입니다.

지금까지 사람들의 삶을 획기적으로 바꾸는 것이 진정한 생활정치라는 관점에서 새로운 시대정신과 협동형 인간 등에 대해 함께 성찰해 봤습니다.

그리고 새로운 대안으로 떠오르고 있는 사회적경제를 통해 인천 지역의 민주주의와 지방자치를 더욱 성숙시키는 전략을 제시했습니다. 또 사회적 자본을 구축하기 위해 먼저 해야 할 일과 공유경제로 다 함께 행복한 지역공동체를 만드는 구상을 밝히고, 이를 통해 이루려는 인천의 미래에 대해 말씀드렸습니다. 꿈은 상상하는 만큼 커지고 미래는 실천하는 만큼 아름다워질 것입니다.

## 사회적 협동경제 관련

### 참고 도서/자료

**정관영.**《이제는 사회적 경제다》. 공동체. 2013

**정태인 · 이수연.**《협동의 경제학》. 레디앙. 2013

**김재훈.**《사민주의 복지국가와 사회적 경제》. 한울아카데미. 2013

**양준호.**〈'사회적경제(social economy)'의 의의와 과제〉

### 참고 사이트

**사회적경제센터**(희망제작소) http://blog.makehope.org/smallbiz

**한겨레 사회적경제** http://se.hani.co.kr/

**서울시 사회적경제지원센터** http://www.sehub.net/

**위즈돔** http://www.wisdo.me/index.do

# 시민이 **행복한**
# 문화창조도시| **인천**

## ■ 대공장에서 문화창조도시로

20세기가 토목 · 건설과 제조업경제의 시기였다면 21세기는 문화와 지식경제의 시대입니다. 지난날에는 경제적 부가 창출되는 공간이 대규모 공장이었다면 이제는 도시 전체가 사회적 부를 창출하는 공간이 되고 있습니다.

컨베이어 벨트를 돌려 똑같은 물건을 더 빨리 더 많이 만드는 것이 혁신의 전부이던 포드주의(포디즘)는 역사의 유물이 되었습니다. 땅과 건물에 돈을 쏟아 부어서 부를 늘리고 일자리를 만들겠다는 토건시대가 종말을 고하고 있습니다.

시민과 소비자들의 다양한 요구를 충족시키는 것이 도시와 기업이 살아남는 유일한 길이 되었습니다. 문화를 진흥하고 복지를 확대하는 것은 사람에 투자하는 것입니다. 문화는 시민의 삶을 윤택하게 할 뿐만 아니라 새로운 경제적 에너지를 창출하는 동력이 되고 있습니다.

우리보다 앞서서 산업화를 이루고 또 더 일찍 경제적 쇠락을 경험한 여러 나라와 도시들은 문화를 중요한 생산요소로 인식하기 시작했습니다. 지역 문화정책이 '지속가능한 발전'과 지역경제 활성화를 위한 핵심 전략으로 자리 잡은 것입니다.

하지만 인천시를 비롯해 우리나라의 많은 도시에서 아직 이런 변화를 제대로 실감할 수는 없습니다. 1997년 IMF 외환위기를 겪은 후 맞은 2000년대 새 밀레니엄은 우리 국민들에게 지난날을 되돌아보게 했고, 새로운 미래를 생각하게 했습니다. 그럼에도 여전히 도시행정 분야에는 토건 중심의 사고가 뿌리 깊게 남아있고, 문화에 대한 이해와 투자, 지원은 여전히 미약합니다.

이제 문화가 사람을 풍요롭게 하고 그 속에서 성장한 사람이 다시 새로운 가치를 창조하는 문화와 창조의 선순환 구조를 만들어야 합니다. 저는 이런 도시 발전 전략이 바로 문화창조도시라고 생각합니다.

먼저 문화창조도시의 의미부터 살펴보겠습니다. 학자들에 따라서는 '창조도시', '문화중심도시' 등의 용어를 사용하기도 하는데 비슷한 문제의식에서 출발한 도시 전략이라는 면에서 같은 개념으로 이해할 수 있습니다.

충북대 강형기 교수는 창조도시라는 용어를 사용하며, 그의 저서 《지역창생학》에서 그 의미를 이렇게 정의합니다.

"창조도시야 말로 절망을 희망으로 변용시키려는 지역창생의 문화전략이다. 창조도시라는 새로운 발상은 독자성 있는 고유한 문화를 키워나가고, 자립적인 경제기반을 재구축한 도시의 성공 사례에서 자극을 받은 지역창생의 문화적 접근법이다."

이 말을 제대로 이해하려면 '창생'의 의미를 알아야 합니다. 이에 대해 강교수는 "지역에서의 창조활동은 지역을 창조적으로 재생시키는 사업이며, 이를 지역창생사업이라고 말할 수 있다."고 설명합니다. 창생이란 바로 창조적 재생을 뜻하는 것입니다.

건국대학교 이병민 교수는 '문화중심도시'란 표현을 쓰며 이를 "문화가 도시의 인프라로서의 중심 기능이 되고, 특징이 되는 도시"라고 정의합니다. 그는 또 "문화중심도시는 문화의 보편성을 강조하는 문화 상대주의의 적용이 중요하게 되고, 문화의 생산이라는 측면에서 본다면, 문화 생산-유통-소비-재창조가 한곳에서 이루어지는 문화발전소의 역할을 한다고 볼 수 있다. 문화중심도시는 창작예술, 대중문화, 문화산업의 활성화, 세계의 다양한 전통과 현대적 삶의 양식들의 재현과 연구, 국제적 이해, 교육 및 교류를 주요 요소로 상정하는 도시라고 할 수 있으며, 인간 존재의 본래 가치와 삶의 의미가 실천적으로 구현되는 도시가 될 것이며, 이웃 간의 개방적 소통으로 변혁과 재창출이 수시로 일어나는 도시라 할 수 있다."고 말합니다.

인천대 양준호 교수는 "일본 오사카시립대 사사키 마사유키 교수는 '창조도시'를 '시민들의 적극적이고도 활발한 창조적 활동에 의해 첨단 예술과 풍요로운 생활문화를 정착시키고, 또 이를 통해 혁신적인 산업을 진흥시켜 내는 창조적 공간이 풍부한 도시'라고 정의했다"고 소개하고, 자신은 "창조적인 사람들이 많이 모여 다양한 형태의 지식, 문화, 예술, 일반 상품 및 서비스, 나아가 사회적 서비스를 적극적으로 창조하는 환경이 조성된 도시"라고 정리합니다.

이런 견해들을 종합하면 문화창조도시란 '지역의 고유한 문화와 예술, 창조적 활동이 중심 토대가 되는 도시'로 규정할 수 있습니다. 뿐만 아니라 '이런 문화 인프라 위에 자립적인 경제기반을 구축하고, 개방적으로 소통하며 창조적으로 재생하고 변혁하는 도시 발전 전략'이라고 해석할 수도 있습니다.

또 앞서 강형기 교수가 말한 '문화적 접근법'에도 주목할 필요가 있습니다. 경제적 접근보다 문화를 우선해야 한다는 의미를 갖는데, 문화가 지역산업과 자치행정 나아가 시민생활 전반에 걸쳐 그 밑바탕에 깔려야 한다는 것입니다.

문화의 사전적 의미는 '인간이 사회 또는 국가의 구성원으로서 습득·전달·공유하고 있는 가치체계와 생활습관, 행동양식의 총체'라고 정의할 수 있습니다. 문화를 정책과 향유 측면에서 살펴보면 '일시적이고 부분적인 정책'에서 벗어나 오늘에는 모든 시민이 누려야 할 '항상적인 권리'로 확대되고 있습니다.

또 문화와 도시의 관계도 달라지고 있습니다. 과거에는 도시가 발전하고 그 결과물로 문화발전이 뒤따라왔다면 지금은 문화발전이 도시발전을 이끌고 있다고 할 만큼 문화의 선도적 역할이 중요해졌습니다. 문화가 도시의 브랜드를 만들고, 브랜드 가치가 높은 도시는 그곳에 사는 시민들이 물질적 풍요와 정서적 만족을 누리며 생활할 수 있게 합니다.

논어에 근자열 원자래(近者悅 遠者來)라는 말이 있습니다. '가까이 있는 사람이 기뻐하면 멀리 있는 사람도 찾아온다'는 뜻입니다. 공자가 살았던 중국 춘추전국시대 때는 사람들이 선정(善政)을 베푸는 제후(정치가)를 찾아가 그곳의 백성이 될 수 있었습니다.

공자는 "정치는 가까이 있는 사람들을 기쁘게 만들고 멀리 있는 사람들을 찾아오게 만드는 것"이라며 이 말을 했습니다.

이것을 오늘날에 맞게 풀이하면 '지금 이 지역에 살고 있는 주민들을 행복하게 하면 더 많은 사람들이 이곳에 찾아와 지역경제를 살리고 도시를 발전시킨다' 정도가 될 것입니다. 여기에서 주민들을 행복하게 하는 첫 번째가 바로 재미와 개성이 있고 다채로운 지역문화입니다. 오늘날 문화는 도시를 발전시키고 거기에 살고 있는 시민들을 행복하게 하는 가장 중요한 요소가 됐습니다.

동시에 문화·복지 수준이 높은 도시는 그 자체로 경제적 부가가치를 창출하는 원천이 되고 있습니다. 대공장에서 상품을 찍어내 돈을 벌던 시대가 저물고, 도시라는 복합적 공간에서 경제적 부와 새로운 가치가 창출되는 시대로 급속히 변화하고 있는 것입니다. 지금, 문화창조도시에 주목해야 하는 이유가 바로 여기에 있습니다.

## ■ 인천의 미래, 문화창조도시에 길이 있다

'세 사람이 길을 걸으면 그 중에 반드시 나의 스승이 있다.'

사람은 누구나 다른 사람이 배울만한 지식과 경험을 가지고 있다는 뜻입니다.

인천시를 명실상부한 문화창조도시로 만들어가기 위해 우리보다 앞서 도전해온 외국 도시들의 사례를 참고하는 것도 큰 도움이 될 것입니다. 창조도시 분야에서 가장 주목받는 도시로 많은 전문가들이 영국의 버밍엄과 일본 요코하마 등을 꼽습니다.

요코하마의 창조도시 정책을 소개하는 글 중에서는 〈시사인천〉 장호영 기자가 일본 현지를 방문 취재해 쓴 기획기사가 좋습니다. 특히 인천지역 언론인의 관점에서 일본의 창조도시를 조망하고 있는 점이 더욱 그렇습니다. 기사 중 일부를 인용해 아래에 전합니다.

일본 도쿄 도심부에서 서남쪽으로 1시간 거리에 위치한 항구도시 요코하마시는 인구 360만 명의 대규모 도시다. 비슷한 인구수와 항구도시라는 점에서 인천광역시와 많이 닮았다.

150년 전 일본에서 처음으로 개항한 도시 중 하나인 요코하마시는 물류·항구도시였기에 근대 건축물과 산업시설이 많았다. 요코하마시는 이런 역사적 건축물과 산업시설을 보존하고 활용하는 것을 중심으로 한 '창조도시' 정책을 2004년부터 추진하고 있다.

유럽의 국가들이 중화학공업 발달과 도시 활성화 후 도시가 피폐화되는 것을 막기 위해 도시재생사업으로 추진한 '창조적 도시(Creative City)'를 따와 요코하마시도 '창조도시' 정책을 추진한 것이다.

창조도시 정책의 기본 방향은 ▲예술인과 창조자가 살고 싶어 하는 창조적 환경의 실현 ▲창조적 산업 클러스터의 형성에 따른 경제 활성화 ▲매력 있는 지역 자원의 활용 ▲시민이 주도하는 문화예술 창조도시 만들기로 제시됐다.

요코하마시는 이를 위해 항만 주변에 6개의 '창조도시 거점지구'를 만들어 예술가들을 초청해 문화예술관련 프로그램을 운영하고 기존 건축물을 정비해 관광객을 끌어모으고 있다. 시민들이 문화예술 활동에 참가하면서 지역을 활성화하고, 시민들이 발휘하는 창조성을 토대로 도시가 활성화되도록 만드는 것이다. ……

요코하마가 창조도시를 만들기 위해 추진한 프로젝트 중 대표적인 사례지의 하나로는 1929년 설립한 다이이치 은행 건물을 문화예술 활동을 위한 공간으로 전환한 '뱅크아트1929(BankArt1929)'가 꼽히고 있다.

요코하마시가 건물을 무상으로 제공해 비영리조직(NPO)이 운영하는 뱅크아트는 국제레지던시공간, 전시장, 카페, 레스토랑, 서점 등으로 구성돼 있다. 이곳은 시가 연간 6000만 엔을 운영비로 제공하는데, 뱅크아트 자체적으로 8000만 엔의 수익을 창출하고 있다. ……

〈시사인천(www.bpnews.kr/), 2010.10.10〉

이처럼 요코하마의 창조도시 정책의 핵심은 시가 도시 시설물들을 예술인과 창조자들을 위해 제공해서 문화를 향유하고 창조적 삶을 누리려는 사람들을 지역으로 끌어들이는 것입니다. 이를 통해 자연스럽게 지역경제를 활성화하고 도시에 활력을 불어넣는 것입니다.

버밍엄은 석탄과 철이 많이 나고 운하와 철도가 발달해서 산업혁명 이후 영국을 대표하는 산업도시로 성장해왔습니다. 그러다가 1970년대 이후 국제 경쟁에서 뒤처지면서 지역 내 회사들이 부도가 나고 공장이 폐쇄되는 구조조정을 겪었습니다.

양준호 인천대 교수는 〈'창조도시론'과 인천의 정책과제〉 보고서에서 "1978년부터 1982년까지 지속되었던 불황의 정도가 매우 심각하여 실업자가 급격하게 늘고, 시민들의 생활수준이 저하되는 상황이 지속되면서, 시 정부 관료들에 의해 주도되어 온 도시개발 방식에 대한 시민들의 불만이 고조되었다. 바로 이 때문에 시정부가 시행하고 있던 건설 토목 공사 중심의 대규모 개발 프로젝트가 중단되었다. 1988년에 제안된 '사람 중심의 도심 재생 전략'이라는 새로운 프로젝트의 타이틀을 봐도 알 수 있듯이, 결국 버밍엄의 도시 개발 또는 도시 활성화 방식의 패러다임이 '사람을 중시하고' '내부로부터 성장 모티브를 창출하는' 방향으로 급선회하기에 이르렀다."고 창조도시 버밍엄의 출발 배경을 설명합니다.

양 교수는 또 스페이스(SPACE, the Space Organization, SPACE는 the Society for the Promotion of Artistic and Creative Enterprise의 약자)라는 민간단체가 약 2,000만 파운드를 들여 공장지대를 재개발해 창조적인 문화예술 공간으로 탈바꿈시킨 사례도 소개합니다. "SPACE의 문화를 중심으로 한 재개발 사업 덕분에 암울한 공장부지 내에 한 달 만에 다양한 예술가들이 모여들어 작업공간에서 예술가들 간, 그리고 예술가와 일반 시민 간 교류가 이루어졌다. 바로 이런 교류에 의해 창조적인 공간(Creative Space)이 태어나게 되었는데, 이 카스타드 공장이야말로 창조적 분위기가 넘쳐흐르는 공간으로 탈바꿈하게 되었던 것이다. 현재 약 400명에 달하는 예술가들이 250개 정도의 스튜디오에서 활동하고 있으며, 임대료는 1주일에 18파운드(약 3만3천원)로 버밍엄 평균 임대료와는 비교가 되지 않을 정도로 저렴하다. 카스타드 공장 내에는 스튜디오 이외에도 극장, 아트

갤러리, 오케스트라 리허설 룸, 댄스 홀, 레스토랑, 커피숍, 상점 등의 시설이 들어서 있다."

물론 다른 나라, 다른 도시들의 사례를 그대로 인천에 도입할 수는 없습니다. 하지만 요코하마와 버밍엄 등 앞선 창조도시들의 도전과 변화에는 분명 교훈을 얻고 배울 점이 많습니다.

먼저 위기를 기회로 전환시키는 창조적 발상과 문화에서 길을 찾는 혜안입니다. 어려움에 처하면 누구나 새로운 길을 찾기 마련입니다. 시련 앞에 좌절하거나 쉽게 포기하면 미래는 없습니다. 새로운 도전에 나선다고 해서 모두 위기를 극복할 수 있는 것은 아닙니다. 제대로 된 길을 찾아야 합니다. 문화에 길이 있습니다. 문화창조도시에 인천의 미래가 있습니다.

다음으로 낡고 오래된 건물을 허물고 그 자리에 고층빌딩을 짓는 게 도시발전의 전부가 아니라는 점입니다. 앞서 말씀드린 것처럼 토건시대가 막을 내리고 있습니다. 물론 필요한 토목공사와 도시 건설은 앞으로도 계속돼야 합니다. 하지만 토목공사를 하듯이 행정을 펼치는 낡은 사고는 더 이상 계속돼서는 안 됩니다. 사람을 위한 문화와 복지가 국가와 도시의 중심이 돼야 합니다.

또 문화창조도시 만들기의 출발점은 예술인, 창조자, 혁신가를 길러내고 모으는 것이라는 사실입니다. 양준호 교수는 "도시의 '역사와 문화에 대한 기억'을 미래 지향적으로 해독해내어 나갈 수 있는 프로듀서 및 설계자를 발굴하여 이들을 육성해야 한다. 창조도시의 첫걸음은 '지역 공공적 인재'의 양성에서부터 시작된다"고 강조합니다.

옳은 지적입니다. 문화 감수성이 충만한 창조적 인재 없이 문화창조도시를 만들 수는 없습니다. 도시가 사람들을 길러내고 다시 사람들이 문화도시, 창조도시를 만들어가는 것입니다.

## ■ '책의 수도' '문화지구' 사업에 문화창조도시 접목

"인천을 문화창조도시로 만들자"고 말하면 무엇을 어떻게 하자는 것인지 구체적으로 떠오르지 않을 수도 있습니다. 문화와 창조 모두 지나치게 포괄적이고 추상적인 개념이기 때문에 더욱 그럴 것입니다.

그래서 저는 매우 구체적인 사업, 특히 인천시가 이미 추진하고 있는 사업들을 통해 문화창조도시 인천의 비전을 제시하고, 함께 만들어가고자 합니다. 기존 사업에 문화와 창조의 가치를 결합해 의미를 새롭게 부여하고, 추진 과정과 방식을 혁신해 그 속에서 문화적 가치를 창출하는 것입니다.

2013년 7월, 인천시가 유네스코(UNESCO)가 지정하는 '2015 세계 책의 수도(World Book Capital)'에 선정되었습니다. 정말 반가운 소식입니다.

하지만 인천시는 이 사업의 의미를 협소하게 이해하고 있고, 준비도 너무 소극적인 게 아닌지 우려스럽습니다. 시는 당초 2014년 예산안에 책의 수도 사업 예산을 불과 1억 원만 책정해 추진 의지를 의심케 했습니다. 저는 행정사무감사 때 "예산을 제대로 확보하지 않은 것은 집행부 의지에 문제가 있는 것"이라고 지적했습니다.

또 2013년 12월 17일, 인천시의회 본회의 시정질의를 통해 송영길 시장에게 문제점을 지적하고 대안을 제시했습니다. 인천광역시가 수립한 세계 책의 수도 관련 사업 계획서를 보면 독서문화 활성화와 관련 국제행사, 그리고 도서관 운영 등으로 한정돼 있습니다. 세계 책의 수도의 의미를 '책 읽는 도시' 정도로 협소하게 규정하고 있는 것입니다.

그래서 저는 "세계 책의 수도 인천의 진정한 비전은 저작권·출판·문학·창작 등 출판·문화의 활성화를 통하여 문화창조도시 인천을 만들어 가는 것이 되어야 한다"고 제안했습니다.

이날 제가 송영길 인천시장을 상대로 한 시정질의 내용 중 세계 책의 수도와 관련한 제안 부분만 간추려 아래에 전해드립니다.

세계 책의 수도가 '책 읽는 도시'로 한정된 것인지 아니면 좋은 작가 발굴과 지원, 출판문화 사업 향상까지 포괄된 책을 중심으로 한 문화도시로 포괄적인 영역인지에 대하여 질의라기보다는 건의를 드리고자 합니다.

인천신문의 유승희 기자는 12월 10일 인천대학교 문화대학원 학술세미나 발표 자료에서 "세계 책의 수도로 지위가 부여되면 지정 년도의 세계 책과 저작권의 날인 4월 23일부터 1년간 책과 관련된 다양한 프로그램과 저작권·출판·문학·창작 등과 관련한 세계 출판·문화 교류 중심도시 역할을 하게 된다. 역대 '책의 수도' 도시들은 1년간의 활동을 통해 국제적인 '문화도시'로 인지도가 높아졌다. 실제적으로 2007년 책의 수도였던 '보고타'와 2009년 책의 수도 베이루트 등은 책의 수도를 계기로 국제적인 문화도시로 지명도가 높아지면서 도시 가치가 상승한 것으로 알려지고 있다"고 발표하였습니다.

결국 책의 수도 도시는 책 읽는 도시라는 한정된 독서 운동이 아닌 저작권·출판·문학·창작 등과 관련한 세계 출판·문화 교류 중심도시 역할을 하여야 한다는 것입니다.

그러나 인천광역시에서 수립한 세계 책의 수도 관련 사업 계획서를 보면 독서문화 활성화와 관련 국제행사 그리고 도서관 운영 등으로 한정되어 있습니다.

본 의원은 독서라는 것은 한 권의 좋은 책이 나오는 전 과정을 거친 이후 맨 마지막 단계에 이루어진다고 생각합니다.

좋은 작가가 시대에 걸맞은 콘텐츠를 중심으로 저작을 하고 이를 기획 편집 디자인하여 인쇄한 후 출판 유통의 복잡한 과정을 통하여 서점이나 도서관을 통하여 마침내 한 권의 책은 독자 앞에 놓이게 되고 독자는 이를 읽고 삶을 풍족하게 하는 것입니다.

따라서 세계 책의 수도 인천의 진정한 비전은 저작권 · 출판 · 문학 · 창작 등 출판 · 문화의 활성화를 통하여 문화창조도시 인천을 만들어가는 것이라 생각합니다.

1년 4개월이라는 짧은 기간 안에 출판 · 문화의 활성화를 통하여 문화창조도시 인천을 만들기는 어렵지만 2015년을 계기로 인천광역시가 그동안 해왔던 외형적 양적 성장 추구와 더불어 내적으로 문화적 발전을 이루는 문화창조도시 만들기 선포가 있어야 한다고 생각합니다.

이를 위해 다음의 사항을 건의 드립니다.

① 인천대학교 인하대학교에 출판학과를 학부 또는 대학원 과정으로 신설하여 전문 인력을 키워나가야 한다고 생각합니다.

② 훌륭한 작가를 발굴하고 지원하기 위하여 작가 레지던스 시설을 만들어야한다고 생각합니다. 특히 노동문학작가레지던스 아동문학작가레지던스, 섬생태작가레지던스, 일러스트 작가 레지던스 등으로 선택과 집중을 하시길 건의드립니다.

③ 파주와 같은 하드웨어 중심이 아닌 컨텐츠 중심의 출판문화단지 지정을 해서 출판문화사업을 육성해야한다고 생각합니다. 서울과 교통 편리한 부평 4공단 내외에 출판문화단지를 지정하여 출판사를 유치하고 디자인전문회사를 유치하여 활성화시켜야 한다고 생각하며 특히 출판문화사업을 통한 원도심활성 정책의 일환으로 시범 운영이 필요하며, 여성 친화적인 사업의 특성 상 여성 일자리 창출의 관점에서 적극 추진이 필요하다고 생각합니다.

④ 시민자서전 쓰기 및 소규모 출판기념회 지원으로 시민 스스로 삶을 기록하고 나누는

문화를 활성화해야 한다고 생각하여 건의 드립니다.

⑤ 인천광역시의 특성을 살려 노동자도서관 점자 등 장애인도서관 다문화도서관 등 설립 운영하여 책으로부터 소외된 시민들도 주체로 참여할 수 있기를 바랍니다.

책이 인간에게 중요한 이유는 책을 통한 감동과 성찰을 통하여 "삶의 자기 결정권"을 행사 하기 때문에 소중하다고 생각합니다.

인천광역시가 그동안 추구해왔던 공업도시 인천 항구 및 공항 등 세계 관문도시 인천, 경 제자유구역을 중심으로 한 경제 수도 인천에서 문화가 융성하여 시민 삶의 질을 진정 높 일 수 있는 문화창조도시 인천을 위해 큰 걸음을 내딛어 주시길 간곡하게 당부 드립니다.

⑥ '책의수도과' 신설 추진을 요청 드립니다.

이미 문화예술과에 책의수도팀을 신설하여 주무관 등 2명을 발령 내신 것으로 알고 있습 니다. 그러나 기존 도서관정책팀과 책의수도팀 만으로는 소정의 업무를 효과적으로 달성 하기 어렵다고 생각합니다. 아시안게임 때문에 과 조직 신설과 인력배치가 쉽지는 않겠 지만 출판·문화의 활성화를 통하여 문화창조도시 인천을 만들고 세계책의 수도 인천 행 사를 원만히 치르기 위해서는 최소한 책의수도과 또는 문화창조도시과 정도가 필요하다 고 생각하며 건의 드립니다. 적극 검토해 주시기 바랍니다.


인천시를 문화창조도시로 발전시키기 위해서는 앞에서 살펴본 것처럼 세계 책의 수도 선정을 중요한 기회로 삼아야 할 것입니다. 책의 수도 사업 을 문화창조도시 인천을 만드는 소중한 계기와 전환점으로 인식하고, 이 를 적극 활용해야 합니다. 세계인들이 인천 하면 바로 책, 작가, 창작, 출판 을 떠올릴 수 있도록 이것들을 인천 도시문화의 핵심 브랜드로 키워나가 야 합니다.

또 한 가지 '문화지구를 통한 도시문화재생'도 문화창조도시를 만들어가는 중요한 사업이 될 수 있습니다.

오늘날 인구 300만 명에 육박하는, 대한민국 관문도시, 인천광역시의 탄생은 1883년 개항에서 시작됐다고 할 수 있습니다. 현재 인천시 중구 신포동, 동인천동, 북성동 일대는 개항이후 1945년 해방이 되기까지 62년 동안 일본제국주의의 이익을 위하여 개발되고 조성된 항만도시입니다. 그래서 우리나라 근현대사의 아픔과 고통을 고스란히 간직한 역사와 문화의 현장이기도 합니다. '개항장 문화지구'라고 불리는 바로 이곳은 또 현재의 인천시를 잉태한 모태라고 할 수 있습니다.

이처럼 수많은 이야기를 간직하고 있고, 근대건축물이 100여 채나 남아 있는 개항장 문화지구야 말로 인천시를 명실상부한 문화창조도시로 만들 수 있는 귀중한 자산입니다.

2012년 6월 5일, 인천의제21실천협의회가 〈인천의 문화지구를 통한 도시문화재생〉을 주제로 문화정책포럼을 개최했습니다. 저는 이 자리에 발제자로 초대돼 〈개항장 문화지구 지정과 앞으로의 과제〉에 대해 말씀드렸습니다.

이날 제 발제 내용을 '개항장 문화지구 앞으로의 과제' 부분을 중심으로 요약해 아래에 전해드립니다.

### ◉ 개항장 문화지구는 인천을 잉태한 모태다

1883년 개항되고 1945년 해방되기까지 62년 동안 일본제국주의의 이익을 위하여 개발되고 조성된 도시 인천 항만 도시의 모습을 지금 명명할 때 통칭 "개항장 문화

지구"라 부르는 것이다. 결국 "개항장 문화지구"는 현재의 인천광역시를 잉태한 모
태라 할 수 있다.

### ⊙ 중구의 과제를 넘어 인천광역시의 과제다

최근 이루어진 개항장 문화지구의 지정과 운영의 과정에서 보면 개항장 문화지구가
인천시 중구만의 과제이고 중구와 중구 주민들이 주체로 나서서 해결해 가야 한다고
생각하는 경향이 강하다.

그럼에도 불구하고 개항장 문화지구에 관한 관심과 추진은 주로 중구 구민에 한정
되어 있고 중구 주민, 중구청 공무원, 중구 구의회 중심으로 이루어지고 있는 것이 현
실이다.

중구 주민, 중구청 공무원, 중구 구의회 중심으로 개항장 문화지구 추진과 운영이 되
고 있는 것은 지리적 위치와 삶의 이해관계의 면에서 어쩔 수 없는 측면이기도 하다.
그러나 중구에 한정되어서는 성공할 수 없다고 생각한다.

개항장 문화지구는 현재의 인천광역시가 잉태된 모태라는 측면에서 볼 때 인천광역
시 전체의 문제이고 인천광역시 정체성을 형성 발전해나가는 과정에서 핵심적인 과
제일 수밖에 없다.

개항장 문화지구를 지정 관리하고 성공적으로 자리매김하기 위해서는 인천광역시와
인천 시민운동의 차원에서 적극적으로 나설 때 가능한 일이다.

항구와 공항을 통한 대한민국의 관문 인천광역시의 위상을 세계 속에서 펼치고자
할 때 개항장 문화지구는 인천광역시의 오래된 미래로서 매우 중요한 실체가 될 수
밖에 없다.

또한 계양산 살리기 시민운동과 인천대 시립화 시민운동의 소중한 역사와 성과를 가
지고 있는 인천 지역 시민운동의 측면에서도 개항장 문화지구의 성공적인 수행은 매

우 중요한 일이다.

인천시민의 130년 삶의 궤적이 오롯이 남아 있고 앞으로도 계속 이어서 살아갈 공간 개항장 문화지구를 인천 시민운동이 함께 나서서 성공적으로 정착 운영한다면 서울과 구별되는 정체성, 여타의 공업도시와의 차별성, 동아시아 주요 항구와의 공통성을 찾아낼 수 있고 그 과정에서 인천 시민의 자존감을 높일 수 있는 길을 찾을 수 있다고 생각한다.

### ⊙ 인천 내항 재개발과 함께 추진할 일이다

개항장 문화지구가 있을 수 있었던 것은 인천 내항이 있었기 때문이다. 인천항을 먼저 만들고 인천항을 중심으로 교역과 이동이 있었기에 개항장 문화지구가 형성되었다는 것은 주지의 사실이다.

2012년 4월 건설교통부는 인천 내항 재개발을 확정 고시하였다. 현재의 인천 내항 8개 부두 중 1부두와 8부두의 항만 기능을 중지하고 재개발하여 인천시민에게 돌려준다는 계획이다.

특히 단순한 재개발이 아니라 구겐하임 미술관이 있는 스페인 빌바오시 모델을 인천 내항 재개발의 모델로 제시하고 있는 것은 참으로 의미 있는 일이며 이는 개항장 문화지구의 관리계획과 함께 시너지의 효과를 낼 수 있는 절호의 기회라 할 수 있다.

뿐만 아니라 항만 전문가들은 세계 어느 항구를 가 봐도 인천시 내항과 같이 도심 한복판에 자리 잡고 운영되어 물류의 이동 과정 중에서 환경오명 소음 분진 도로 파손 등의 피해를 시민에게 가중하는 항구는 없다는 것이다.

이제 내항은 그 기능을 서서히 북항과 송도 신항으로 이전하고 인천 시민의 품으로 돌아와야 한다.

내항의 기능 중 여객 운송 기능은 더욱 활성화하여 개항장 문화지구의 관광과 문화의 기능과 연계된 삶이 살아 있는 공간으로 전화해야 할 때이다.

### ⊙ 주민의 삶을 치유하는 게 먼저다

통칭 개항장 문화지구라는 곳은 인천시민이 주체적으로 형성한 곳이 아니다. 일본 제국주의의 이익을 실현하기 위해서 강제로 개항하고 항만을 만들어 그들이 주도하여 62년간 살고 운영하다가 떠난 곳이다.

인천시 역시 30년 동안 개항장 문화지구에서 인천시를 운영하다가 광역시를 설계하면서 구월동으로 이전하면서 아무런 계획 없이 방치한 곳이다. 즉 쓰다가 버린 땅이다.

개항장 문화지구는 바로 떠나지 않고 살고 있는 사람의 삶을 행복하게 해주기 위한 일이 가장 우선이라 생각한다.

이곳에서 살아남은 사람을 중심에 두지 않고 '인천시 관광활성화' 또는 '중구의 발전'이라는 명분으로 먼저 접근할 일은 아니라 생각한다.

'인천시 관광활성화' 또는 '중구의 발전' 그 자체가 틀리지 않고 또 그 길이 문화지구 활성화와 맥을 같이하고 있지만 사람이 중심에 서지 않는 계획은 모래 위에 지은 집과 같다고 생각한다.

지난 30년간 더 나아가 130년간 주체적으로 이곳에서 살지 못한 주민들을 위한 개항장 문화지구가 되고 그들이 주체로 서서 스스로를 위한 개항장 문화지구를 만들 수 있도록 해야 할 일이다.

이를 위해 이곳에서 지금까지 살아오면서 상처받은 마음을 위로하고 치유하는 프로그램을 먼저 실행할 것을 권장한다.


정치인이나 고위 공직자의 능력을 평가하는 말에 '9급 장관'이라는 표현이 있습니다. 장관이나 국회의원, 대통령과 같은 최고 정책결정권자가 일선 실무자인 9급 공무원들이 할 일을 놓고 시시콜콜 따진다는 의미로 하는 말입니다. 거시적 안목과 총론이 부재한 무능력을 꼬집을 때 주로 이런 말을 합니다.

어떤 사업을 구상하고 실행할 때 총론과 각론이 모두 충실하고 서로 조화를 이루는 것이 중요합니다. 총론은 거창한데 각론이 허술하면 아무리 좋은 계획도 제대로 실현해낼 수 없습니다. 반대로 총론이 빈약하면 제아무리 탄탄한 실무능력과 실행역량을 갖추고 있어도 배가 산으로 가기 일쑤입니다.

시민이 행복한 문화창조도시 인천 만들기도 마찬가지입니다. 이와 관련해 지금까지 우리는 제대로 된 총론을 수립하지 못했습니다. 개별적인 사업들을 시간과 공간이 나뉜 곳에서 각자 수행하는 식이었습니다. 각론도 부족했습니다. 인력과 재정을 적재적소에 배분하지 못했고, 실행 전략도 충분하지 못했습니다.

이제 달라져야 합니다. 무엇보다 문화와 창조의 가치를 인천시민들과 폭넓게 공유하고, 인천시를 문화창조도시로 발전시키겠다는 분명한 비전을 수립해야 합니다. 또 시와 구가 개별적으로 수행해온 문화예술 관련 사업들을 종합·점검하고 이들을 결합해 시너지 효과를 내야 합니다.

책의 수도, 문화지구, 마을살리기, 예술지원 등 기존에 진행해온 사업에 문화와 창조의 가치를 더욱 풍부하게 결합하고, 그 과정에서 새롭고 풍성한 문화적 가치를 창출해야 합니다.

이렇게 만들어진 문화적 토양이 인천시민들의 삶을 행복하게 하고 인천시의 지역경제에 새로운 활력소가 돼야 합니다. 이것이 문화창조도시를 통한 인천 발전 전략의 핵심입니다.

지금까지 사회적경제와 문화창조도시에 대해 같이 살펴봤습니다. 이 둘은 분명 개념도 다르고 전략 분야도 다르지만 서로 동떨어진 게 결코 아닙니다. 조금만 더 깊이 연구해보면 사회적경제와 문화창조도시가 동전의 양면처럼 매우 깊은 연관을 갖고 있다는 것을 알 수 있습니다. 이 두 가지를 서로 결합하고 융합할 때 두세 배 더 큰 성과가 나오는 '시너지 효과'를 거둘 수 있습니다.

문화창조도시는 창조적 능력을 갖춘 인재를 길러내고, 이들이 모여들게 하는데서 출발합니다. 이런 역할을 가장 잘 할 수 있는 조직이 바로 사회적기업과 협동조합입니다. 사회적경제는 그 자체가 창조적 발상을 통해 등장한 것이고 이를 이끌고 있는 사람들도 창의적 열정이 충만합니다. 사회적경제와 문화창조도시는 이처럼 찰떡궁합입니다.

한 가지 더 살펴보겠습니다. 문화창조도시를 만들기 위해서는 지역사회 내에 문화예술 교육 기반을 튼튼하게 구축하고 시민들이 참여하는 다양한 교육 프로그램을 진행하는 게 필수입니다.

그런데 이런 교육은 문화예술형 사회적기업을 통해서 더 잘 실시할 수 있습니다. 이렇게 하면 지역 내 사회적경제 토대를 더욱 튼튼하게 할 수 있고, 문화창조도시 기반도 함께 다질 수 있습니다. 문화창조도시와 사회적경제를 자연스럽게 융합하고 이를 통해 상승 효과를 거두게 되는 것입니다.

인천시의 미래 발전 전략도 이래야 한다고 생각합니다.

사회적경제를 통해 지역공동체를 복원하고, 되살아난 마을공동체가 지역 문화를 더욱 풍요롭게 창조해 나가는 도시. 사회적경제와 문화창조의 두 날개로 지역경제는 더욱 튼튼해지고 시민들의 삶은 더 윤택해지는 인천!

이게 바로 제가 시민 여러분들과 함께 만들어갈 '인천의 미래'입니다.

## 문화창조도시 관련

### 참고 도서/자료

**강형기.**《지역창생학》. 생각의 나무. 2010

**양준호.**〈'창조도시론'과 인천의 정책과제〉

**이병민.**〈창조적 문화중심도시 조성 전략과 문화정책 방향〉

**이용식.**〈인천의 문화도시로의 발전을 위한 정책구상〉. 인천발전연구원

# '**강병수 활용** 시민 모임'
# 만들기

이 책 본문과 앞의 활용법에서 살펴본 것처럼 강병수 의원은 정말 쓸
모가 많은 일꾼입니다.

그가 대표발의한 조례 중에는 광역시도의회 중에서 전국 최초로 제정
된 것들이 4건이나 됩니다. 어려움에 처한 시민들의 대변자 역할도 톡
톡히 해내고 있습니다. 또 시민들과 열심히 소통하며 각종 토론회에 나
가서 함께 머리를 맞대고 정책 대안을 모색하고 있습니다.

이런 그의 모습을 보며 '강병수 의원을 더 오래, 더 많이 써 보자'는 분
들이 생겨나고 있습니다.

이 책을 다 읽으신 독자 입장에서 여러분도 '강병수 의원을 한 번 제대
로 활용해보자'는 생각이 드시나요.

그렇다면 그를 더 잘 사용해보고 싶은 사람들이 모여 '강병수 활용 시
민 모임' 같은 것을 만들어 보면 어떨까요. 여기서 강병수 의원은 시민
여러분의, 여러분에 의한, 여러분을 위한 도구일 뿐입니다. 지방자치의
진정한 주인은 시의원도 아니고 시장도 아닙니다. 바로 시민들입니다.
다만 현대사회에서 모든 것을 직접민주주의 방식으로 처리할 수는 없
기 때문에 선거로 대리인을 선출하는 대의제를 채택하고 있습니다.

시민들의 뜻을 제대로 받들 줄 알고, 주민들이 제대로 써먹을 수 있는
능력과 자질을 갖춘 일꾼을 더 잘 쓰기 위해 시민들이 자발적으로 모이
는 것은 지방자치를 발전시키는 또 하나의 계기가 될 것입니다.

 〈**강병수 의원 활용법**〉은 저자가 아니라 편집자가 독자들에게 드리는 일종의 팁입
니다. 인천시민들이 강병수 의원을 더 많이, 더 잘 활용하기를 바라며 네 가지 사용
법을 전해드립니다. – 편집자